Contenir la Couverture)

SAINT YVES D'ALVEYDRE

(ŒUVRES POSTHUMES)

LA THÉOGONIE DES PATRIARCHES

JÉSUS
(NOUVEAU TESTAMENT)

MOÏSE
(ANCIEN TESTAMENT)

ADAPTATIONS DE L'ARCHÉOMÈTRE
A UNE NOUVELLE TRADUCTION DE L'ÉVANGILE DE SAINT JEAN
ET DU SEPHER DE MOÏSE

Précédée d'Extraits de la "Vie de Moïse", de Saint Yves (Mission des Juifs)

AVEC

SIX DESSINS ORIGINAUX DE GABRIEL GOULINAT

Et d'une Introduction par les "Amis de Saint Yves"

PARIS

ÉDITÉ PAR "LES AMIS DE SAINT YVES"

A LA LIBRAIRIE HERMÉTIQUE

4, RUE DE FURSTENBERG, 4

1909

LA THÉOGONIE DES PATRIARCHES

Saint-Yves d'Alveydre ✳

SAINT YVES D'ALVEYDRE

(ŒUVRES POSTHUMES)

LA THÉOGONIE DES PATRIARCHES

JÉSUS	MOÏSE
(NOUVEAU TESTAMENT)	(ANCIEN TESTAMENT)

ADAPTATIONS DE L'ARCHÉOMÈTRE

A UNE NOUVELLE TRADUCTION DE L'ÉVANGILE DE SAINT JEAN

ET DU SEPHER DE MOÏSE

PRÉCÉDÉE D'EXTRAITS DE LA " VIE DE MOÏSE ", DE SAINT YVES (MISSION DES JUIFS)

AVEC

SIX DESSINS ORIGINAUX DE GABRIEL GOULINAT

ET D'UNE INTRODUCTION PAR LES " AMIS DE SAINT YVES "

PARIS

ÉDITÉ PAR "LES AMIS DE SAINT YVES'

A LA LIBRAIRIE HERMÉTIQUE

4, RUE DE FURSTENBERG, 4

1909

LES AMIS DE SAINT YVES

DÉDIENT RESPECTUEUSEMENT CETTE PREMIÈRE ŒUVRE POSTHUME DE LEUR MAITRE

A U

COMTE ALEXANDRE KELLER

ET A

LA COMTESSE, SA SOEUR

QUI ONT PERMIS LE SALUT DE L'ŒUVRE INTELLECTUELLE DE SAINT YVES D'ALVEYDRE

INTRODUCTION

Nous présentons aujourd'hui au public la première œuvre posthume
de notre maître : Saint-Yves d'Alveydre.

Après avoir parcouru le cycle presque complet des Connaissances
contemporaines pour réaliser son idéal social : la Synarchie, le Maître
avait été amené à rechercher la base fondamentale de toute la Science
Antique. Cette recherche poursuivie pendant près de vingt ans aboutit à
la découverte des Principes premiers dont les formes physiques sont les
manifestations à divers degrés.

Chaque Étoile du ciel, chaque Couleur de la Nature, chaque Son
musical, chaque Forme naturelle même est une manifestation dans le
monde visible d'une Puissance créatrice du Monde Invisible, du Plan du
Verbe. Les cieux visibles sont la manifestation du ciel invisible.

Saint-Yves a tracé sur le papier la représentation du ciel visible tel
qu'il était conçu par les anciens. Il a ainsi dessiné le Zodiaque et ses
12 Maisons astrologiques. Dans chaque maison il a placé la Planète qui y
avait sa demeure. En même temps il a inscrit dans le cercle Zodiacal
les quatre triangles élémentaires : le Triangle de la Terre, celui de
l'Eau, celui de l'Air et celui du Feu.

Ainsi se trouvait reproduit sur le papier le squelette de l'outil dont
on se servait dans tous les Temples antiques pour les adaptations scienti-
fiques ou sociales.

Mais il fallait animer cet outil, lui rendre la vie secrète perdue à
travers la transmission séculaire. Il fallait retrouver chaque note, chaque
couleur, chaque forme élémentaire et surtout chaque manifestation
verbale applicable à chacun des signes du ciel physique.

Il fallait en un mot faire parler ces hiéroglyphes mouvants que sont les sept formes planétaires antiques et les 12 Points fixes qui constituent le Zodiaque. Il fallait aussi déterminer les correspondances des trois cercles de toute création : le cercle central ou point du roulement (le Moyeu), le cercle intérieur ou passage de l'invisible au visible, enfin le cercle extérieur ou manifestation visible des Puissances Verbales de l'Invisible.

Cette représentation des trois cieux une fois dessinée sur le papier, le canon sacré de l'antiquité était retrouvé et des adaptations sans nombre pouvaient en provenir.

Telle est la base première de cet instrument appelé par son créateur l'*Archéomètre*, et dont les rapports ont été mathématiquement vérifiés pendant plus de dix ans avant de rien livrer à la publicité.

La Mort a même surpris le maître avant la publication de la théorie de son œuvre et ce sont ses faibles disciples qui sont obligés de poursuivre, dans des conditions difficiles, l'œuvre de Saint-Yves.

*
* *

Il nous faut ici adresser tous nos remerciements au Comte Alexandre Keller et à la Comtesse, sa sœur. Le Marquis de Saint-Yves est mort presque brusquement et aucune disposition spéciale n'a été trouvée concernant la publication de l'Archéomètre et de ses adaptations. C'est alors que la famille du Maître a décidé de léguer l'œuvre du Maître à l'un de ses disciples : le Dr Encausse (Papus), à charge pour lui de constituer un musée destiné à propager la mémoire du Marquis de Saint-Yves.

D'un commun accord les disciples de Saint-Yves : M. Jemain, qui avait travaillé l'adaptation musicale avec le maître; M. Gougy, qui avait été son disciple pour l'adaptation architecturale; le Docteur Chauvet (de Nantes), le Kabbaliste érudit; M. Lebreton, son secrétaire particulier, ont décidé de poursuivre, à leurs risques et périls, l'œuvre du maître.

Pour laisser à cette œuvre son caractère absolument personnel, il a été convenu que les Avant-Propos et les Préfaces, ou les Introductions aux diverses publications, ne porteraient la marque d'aucune personnalité, et que tout serait présenté sous la firme : *Les Amis de Saint-Yves.*

M. Duvignau de Lanneau pour lequel le Maître avait une affection très grande dans les derniers mois de sa vie, a bien voulu se joindre aux disciples précédents, et mettre à leur service sa grande autorité et ses éminents conseils pratiques. Cette nécessaire digression faite, revenons à l'Archéomètre.

Les Langues sacrées de l'Antiquité, et surtout le sanscrit et la langue des 22 Clefs dont l'Hébreu moderne est un dérivé direct, ont été constituées de toutes pièces par des assemblées des plus grands savants de l'époque. De là le nom de Devanagari donné au sanscrit, de là les terribles recommandations de la Mishna pour les caractères hébraïques, et de là aussi l'impossibilité pour les Profanes, même saint Jérôme, de retrouver la véritable clef de ces caractères sacrés.

Ce que nous appelons un signe hébraïque était la traduction terrestre d'une force angélique appartenant au plan du Verbe divin. C'était plus encore : c'était une véritable force divine de l'appartement du Fils, pour parler comme les mystiques initiés à la vision des Principes.

Le culte du Verbe débutait donc dans les mystères par le culte et la connaissance des 22 Forces divines dont chacune des clefs est un signe matérialisé : une signature physique.

C'est à ces 22 Rayons du Verbe et à quelques-unes de leurs adaptations qu'est consacré l'ouvrage actuel que Saint-Yves voulait intituler *Moïse,* parce que la nouvelle traduction du Sepher Bereschit en forme la plus importante partie.

Cet ouvrage comprenait, dans le Manuscrit original de Saint-Yves, trois parties :

1° Les Patriarches ou étude des adaptations de chacune des 22 Clefs de la Langue des Mystères ;

2° Moïse ou l'adaptation de l'Archéomètre à la traduction des Premiers chapitres de la Genèse ;

3° Jésus ou l'application des mêmes clefs à la traduction des Premiers chapitres de l'Évangile de Saint-Jean.

Nous avons cru devoir ajouter un chapitre préliminaire extrait de l'ouvrage « La Mission des Juifs » de notre maître et destiné à amener le lecteur à la compréhension des grands mystères révélés aujourd'hui par Saint-Yves d'Alveydre.

La Science de l'Histoire a, en effet, été si peu développée dans les centres enseignants que peu d'Hommes se figurent que Moïse a vécu à une époque presque aussi évoluée que la nôtre, quant à la civilisation. Ce sont de véritables bibliothèques formées de rouleaux de papyrus et appuyées par des milliers d'inscriptions hiéroglyphiques, que Moïse a eues à sa disposition pour établir son livre des Principes.

Aussi tous les véritables amis de la Vérité ont-ils bondi quand ils ont vu les âneries et les enfantillages que les traducteurs ont fait dire à ce Docteur ès Sciences d'une civilisation magnifique et magnifiquement outillée au point de vue intellectuel.

Nous renvoyons à la « Mission des Juifs » le lecteur désireux de plus de détails et de textes positifs puisés aux sources historiques.

Nous donnons ces quelques extraits de ce livre pour préparer le lecteur encore profane à la connaissance de ces hautes Vérités.

Ce livre étant destiné « A ceux qui savent », nous n'avons pas voulu en dire plus et nous laissons aux vrais chercheurs le soin d'en comprendre toute la portée.

Les Amis de Saint-Yves d'Alveydre.

L'OEUVRE SOCIALE DE MOÏSE

Ici, nous devons recourir à Moïse. Le chapitre XI de son Livre des Principes est, à proprement parler, le deuxième chapitre d'un second Livre, d'une seconde Série consécutive à la Cosmogonie et méritant le nom d'Androgonie.

Cette seconde Décade traite de la Constitution spirituelle de la terre et, par conséquent, des Principes occultes de l'État Social tout entier.

Abram y est envisagé comme un Principe, comme un Esprit spécifique d'Organisation sociale, dont l'homme nommé Abraham ne fut que la représentation impersonnelle, comparable à l'Hiram des Templiers, à tous les symboles résumant l'Esprit d'un Corps collectif, d'un Ordre religieux, militaire ou autre.

Voici ce que disent les traductions de la Genèse exotérique, ch. XI, v. 26 à 31 :

« Thareh engendra Abram, Nachor, Aran. Aran engendra Lot et mourut avant Thareh, à Ur en Kaldée. Abram et Nachor prirent des femmes. Celle d'Abram s'appela Saraï, celle de Nachor Melka, sœur de Jescha, ces deux dernières filles d'Aran. Thareh prit Abram, Lot, Saraï et les fit sortir d'Ur, pour aller en Khanaan. »

Si on s'arrêtait au sens exotérique, on se demanderait avec raison pourquoi Moïse, prêtre d'Osiris, s'est donné la peine de relater ce qui précède.

Mais, dans leur savant idéographisme, ces quelques signes révèlent un sens ésotérique tel, qu'il faudrait un livre entier pour les commenter.

Nous ne toucherons pas ici au côté géogonique proprement dit, et qui regarde certains Mystères relatifs à la constitution de l'Atmosphère physique et hyperphysique de notre Globe.

1

Nous nous tiendrons donc dans l'Androgonie pure et simple, et, là encore, nous resterons dans la moyenne de l'entendement européen actuel ; car, autrement, nous ne serions intelligibles que pour une centaine de Pundits, de Lamas, d'Initiés thibétains, de Lettrés chinois et de Kabbalistes juifs.

Tout d'abord, il est à remarquer que, fidèle à la mathématique dorienne, à l'arithmologie qualitative des temples, Moïse n'énonce jamais un Principe, soit céleste, soit terrestre, sans nommer immédiatement sa Trinité ou sa Triade constitutive.

Il présente ainsi l'Unité ou l'Universalité de ce Principe dans un Quaternaire ou dans une Tétrade : $1 + 3$.

S'agit-il du Dieu biologique, Iod?

Il le définit Iod-Ê-Vau-Ê.

S'agit-il de l'Univers vivant, Adam-Ève?

Il le manifeste par trois termes, Kaïn-Abel-Seth.

S'agit-il enfin du Principe de Vie de notre Système solaire, Noah, Noé?

La Triade apparaît aussitôt, pour constituer avec cette Unité le Quaternaire habituel : Shem-Cham-Japhet.

S'agit-il enfin d'un Principe social comme Thareh?

Il se manifeste encore dans un triple mode d'existence : Abram-Nachor-Aran.

En ce qui regarde le but de ce livre, voici la signification moyenne des hiérogrammes qui constituent le Quaternaire de Thareh :

Thareh est un Principe régulateur correspondant à Thor et à Thorah.

Il indique, comme souvenir historique, le blason zodiacal des anciens Celtes européens et des Touraniens d'Asie; comme référence astronomique, l'entrée du Soleil au Printemps dans le Signe du même nom; comme moment de la Terre, l'époque où toute la Tradition dorienne fut occultée par ce Signe, symbole de l'empire schismatique assyrien.

En effet, lorsque les Études secondaires et supérieures furent réservées à l'Initiation sous le nom de Mystères, la Fête de la Génération universelle, coïncidant avec l'équinoxe du printemps, tombait sur les premiers degrés du Taureau.

Alors, les semences symboliques, les étalons sacrés, hiéroglyphes vivants, sortaient des temples, où l'on conservait avec une science parfaite tous les types de la Vie terrestre correspondant à la Vie cosmique.

Un jour, les prophéties d'Hermès Trismégiste diront : ignorant notre Science et notre Sagesse, l'avenir nous accusera d'avoir adoré les plantes et les animaux !

L'ignorance, en effet, doublée du fanatisme, n'a pas manqué de joindre cette injure à tant d'autres.

Alors encore, les emblèmes de la situation de la Terre et de son Système solaire dans l'Univers étaient exposés dans des fêtes de jour et de nuit, ce qui a fait dire également à l'ignorance qu'on adorait les Astres, tandis qu'en réalité c'était l'Esprit et l'Ame universels qu'on y saluait, ainsi que les Intelligences vivantes, issues de leur ineffable Union.

Quoi qu'il en soit, Tharch a, pour Triade constitutive de son nouveau cycle, Abram, Nachor, Aran, dont voici le sens moyen.

Ab-Ram, signifie à la fois paternité et filiation de Ram, c'est-à-dire Rénovation de l'Organisme social du Bélier, fondée sur l'Intellectualité scientifique de l'Agneau.

Nachor, signifie l'Arrêt du Mouvement.

Aran, signifie Occultation du Feu générateur.

Ce dernier hiérogramme se complète dans Lot, qui exprime l'Enveloppement du Mystère, le Lut du Temple, le Ciment du Sanctuaire, le Serment de l'Initiation.

Ainsi le groupe d'Orthodoxes, qui avait accepté la Loi du Taureau dans l'espérance de la ramener à celle du Bélier, s'expatrie avec cette Synthèse scientifique et sociale, figurée dans Thareh.

Mais cette dernière a pour caractère d'être néo-Ramide, d'arrêter le mouvement de l'Anarchie, et de reconstituer l'Initiation dorienne, en replaçant dans le fond de l'ésotérisme la question des Sexualités.

De là les trois premiers versets du ch. xii de la *Genèse*, dont les traductions laissent suffisamment entrevoir le sens moyen : « Le Seigneur dit ensuite à Abram : Sortez de votre pays, de votre Parenté et de la Maison de votre Père (c'est-à-dire de la Loi et du régime de Thareh) et venez en la Terre que je vous révélerai. Je ferai sortir de vous un grand peuple... et tous les peuples de la Terre seront bénis en vous ».

Abram et Nachor prennent des Femmes, c'est-à-dire, en idéographie sacrée, des Ames de Vie, des Facultés créatrices, des Puissances géniques, des Intelligences organiques.

Abram, renouvellement de la constitution de Ba-Rama, ou de Brama, a la même Femme : Saraï, réapparition de Saravasti.

Cet hiérogramme signifie Sphère-Rayon, Sa-Raï.

Ce qui indique que le mouvement abramide, venant d'un Cycle brisé, tend à sa reconstitution universelle dans la Science et dans l'Ordre social.

Nachor, l'arrêt du mouvement naturaliste, a pour Femme symbolique Melka, Fusion de la Terre, Mel-Ka, sœur de Jeska, la Vie ou le Salut de la Terre entière.

Ces définitions moyennes, bien qu'elles ne livrent pas la vigueur scientifique du sens transcendantal, vont nous permettre d'écarter les broussailles des détails, et de dresser d'en haut le plan de bataille des Abramides.

Ainsi, du Sacerdoce kaldéen déprimé par le gouvernement arbitraire, sort un mouvement d'Initiation synthétique, encyclopédique, ayant pour but de sauver la Terre entière, de fusionner toutes ses divisions politiques, et de les ramener à l'Unité intellectuelle et sociale de l'ancienne Synarchie.

Enfin, comme les cultes et les gouvernements politiques aux prises surbaissent à la fois l'Autorité religieuse et l'Ordre social, la conjuration néo-Ramide pose en Principe son Alliance avec la Vie et les classes économiques, en style hiéroglyphique, avec la terre de Khanaan.

Il est à remarquer que ce dernier hiérogramme exprime au point de vue androgonique, l'antique Emporium, ce que les Anglais appelleraient aujourd'hui le Stock-Exchange, le principe même de l'Emporocratie.

Modalité de Cham et de Kaïn, cet hiérogramme caractérise, en effet, l'Économie physique de l'Univers dans Kaïn, de notre Système solaire dans Cham, de notre Globe et de notre État Social planétaire dans Khanaan.

Au comparatif, enfin, ce mot s'applique, soit aux forces convertibles de l'Économie, soit aux individus qui les transactionnent : financiers, industriels, marchands, artisans.

Ainsi, dans sa Saraï, dans sa Sphère encyclopédique complète, que Moïse, les Prophètes et Jésus-Christ développeront plus tard, la conjuration abramide a calculé d'avance, avec une souveraine précision, par quels leviers l'Orbe des activités humaines pourrait être un jour ramené à une commune Mesure, à une Loi et à un Centre universels.

Sans dévoiler plus qu'il ne faut certaines profondeurs, j'indiquerai cependant que la science économique, à peine ébauchée aujourd'hui en Europe, était alors singulièrement développée.

Aussi, l'écrasement que le Césarisme kaldéen faisait subir aux Peuples, dans cet ordre comme dans tous, était-il l'objet d'une critique universelle.

C'est à qui cherchait à se soustraire à toutes les conditions anti-économiques des grandes centralisations politiquement et militairement opposées entre elles; et l'on se portait en masse, comme aujourd'hui vers l'Amérique et l'Australie, sur les pays confédérés, dont le négoce, étant le principal souci, laissait libres les intelligences soucieuses d'autre chose.

Suites des impôts permanents et des guerres continuelles, la banqueroute et la famine étaient dans l'empire kaldéen, quand les Doriens abramides en sortirent après la défaite de Sémiramis par le Kousha.

CHAPITRE XIII

Constitution Synarchique d'Israël. — Conseil de Dieu. — Conseil des Dieux. Conseil des Anciens. — Science de Moïse.

Il est aisé de voir, dans l'*Exode* comme dans la *Genèse*, à quel point Moïse était opposé à la monarchie politique, telle que l'avait faite le schisme d'Irshou.

Exode, ch. xviii, v. 16 : « La main du Seigneur s'élèvera de son trône contre A-malek et le Seigneur lui fera la guerre dans la suite de toutes les Races. »

Évidemment ce verset n'aurait aucun sens, si A-malek représentait un homme et non le Principe même du Pouvoir militaire, couronné, sans subordination à celui de l'Autorité des Corps enseignants et juridiques.

C'est donc une Synarchie, un Gouvernement social, où règnent des Principes impersonnels, que Moïse va instituer autour du Livre de cinquante Chapitres, qu'il veut faire parvenir aux générations futures par l'intermédiaire d'un peuple organisé pour en être le gardien.

Ce Gouvernement synarchique a, pour première institution, le Conseil de Dieu, ou le Sacerdoce, représentant la totalité de l'Enseignement.

Ensuite vient le Conseil des Dieux ou des Initiés laïques, exerçant la Magistrature, le Pouvoir proprement dit.

Enfin dans chaque tribu, vient le Conseil des anciens, exerçant l'Administration et la petite Magistrature locales.

Le tout est moulé dans une Constitution scientifique, rappelant, dans son ensemble et dans ses détails, le Système Dodécimal de l'Univers physique et hyperphysique.

Telle était alors, plus ou moins altérée, la Constitution savante des Tyriens, des Troyens, des Grecs, des Étruriens, etc., etc.

Ce fut Jéthro qui vint au Désert compléter auprès de Moïse son œuvre d'Initiateur, selon l'Ordre de Ram.

Jusque-là, les Institutions étaient incomplètes, et se bornaient au Conseil de Dieu et aux douze Conseils des anciens.

Exode, ch. xviii, v. 7 : « Moïse étant allé au-devant de son beau-père, se « baissa profondément devant lui.

Ibid., v. 12 : « Jéthro, beau-père de Moïse, offrit donc à IÊVÊ des hosties; « et Aaron et tous les anciens d'Israël vinrent rompre le pain avec lui devant « IÊVÊ.

Ibid., v. 13 : « Le lendemain, Moïse s'assit pour rendre la Justice au « peuple qui se présentait devant lui, depuis le matin jusqu'au soir.

Ibid., v. 17 : « Vous ne faites pas bien, répondit Jéthro.

Ibid., v. 19 : « Retenez ce que j'ai à vous dire, suivez le conseil que j'ai à
« vous donner, et IÈVÊ sera avec vous. Donnez-vous au peuple pour tout ce
« qui regarde le Conseil de Dieu, pour Lui exprimer les demandes et les
« besoins du peuple.

Ibid., v. 20 : « Et pour enseigner au peuple les cérémonies, la manière
« d'honorer IÈVÊ, la méthode qu'ils doivent observer et la règle de leurs actes.

Ibid., v. 21 : « Mais choisissez d'entre tout le peuple des hommes éprouvés
« comme caractère, comme force d'âme, comme craignant IÈVÊ, comme
« aimant la Vérité, comme incorruptibles, et donnez-leur la Juridiction par
« mille, cent, cinquante et dix hommes.

Ibid., v. 22 : « Qu'ils soient occupés à rendre la Justice au peuple en tous
« temps.

Ibid., 23 : « Si vous faites ce que je vous dis, vous accomplirez le Com-
« mandement de Dieu, vous pourrez suffire à réaliser les Ordres de son Règne;
« et tout ce peuple retournera en paix chez lui.

Ibid., v. 24 : « Moïse, ayant écouté son beau-père, fit ce qu'il lui avait
conseillé. »

Dans ce qui précède, les deux Conseils, celui de Dieu et celui des anciens,
indiqués au verset 12, sont complétés par le troisième Pouvoir de l'antique
Trinité sociale, connu du lecteur sous le nom de Conseil des Dieux.

Ce nom est dans trop de passages du W'celle-Schemoth, du W'aiera, du
W'ajedabber, pour que je les cite tous, mais ouvrez n'importe quelle Bible
traduite, celle de Lemaistre de Sacy, par exemple, et vous trouverez ce qui suit :

Exode, ch. xxii, v. 28 : « Vous ne parlerez point mal des Dieux, c'est-à-dire
« des Magistrats. »

Ainsi, la forme de gouvernement instituée par Moïse sur le conseil, sur
l'ordre que lui donne son Initiateur Jéthro, au nom de IÈVÊ, est bien la
Synarchie, c'est-à-dire trois Pouvoirs sociaux, dont aucun n'est politique.

En effet, le Conseil de Dieu formé par le Sacerdoce représente l'Autorité
impersonnelle de la Science et de la Sagesse, témoin les lettres que le Grand
·Prêtre porte sur sa poitrine, Science, Vérité.

Ce temple mobile, gardant la Science dorienne, écrite et orale, délègue, par la voie d'Examen et de Sélection, le Pouvoir de Justice à un Conseil d'initiés laïques, au nombre de soixante-dix, nombre que nous retrouvons dans l'Affiliation de Jacob, dans l'antique Université chinoise et jusque dans les soixante-dix affiliés que Jésus-Christ enverra dans le Monde.

Nombres, liv. XI, v. 16 : « Le Seigneur répondit à Moïse : Assemblez-moi « soixante-dix hommes des Sages d'Israël, que vous saurez être *les plus* « *instruits*, et menez-les à l'entrée du Tabernacle de l'Alliance, *où vous les ferez* « *demeurer avec vous.*

Ibid., v. 17 : « Je descendrai là pour vous parler; je prendrai de l'Esprit « qui est en vous, *et je leur en inspirerai.*

Ibid., v. 25 : « Alors le Seigneur étant descendu dans la nuée, parla à « Moïse, prit de l'Esprit qui était en lui, et l'inspira à ces soixante-dix « hommes. *L'Esprit s'étant donc reposé en eux, ils commencèrent à être Prophètes,* « *et continuèrent toujours depuis.* »

Je crois ces citations suffisantes pour prouver au lecteur l'indestructible solidité sur laquelle s'appuie le présent livre, comme les deux qui l'ont précédé.

Encore une fois, c'est la Synarchie trinitaire, c'est le Gouvernement Social par excellence, que Moïse reconstitue, véritable premier Temple d'Israël, Temple d'intelligences, d'âmes et de volontés humaines, qui va durer quatre siècles avant le temple de pierre de Jérusalem, que l'exégèse protestante prend à tort pour le premier, bien que Jésus ne s'y soit jamais trompé.

La forme particulière que Moïse donna à son culte, à ses lois, aux détails de l'organisation de son peuple, ne regarde pas ce livre, et n'intéresse que d'une manière secondaire les Sciences sociales et l'Universalité du Genre humain.

Mais il en est tout autrement du Type fondamental de son Gouvernement.

Fig. 1. — Moïse et Orphée étudiants des mystères au temple d'Isis.

Pour oser redresser alors ce Type aussi significatif que l'ancienne Unité de Nombre, de Poids et de Mesure, il fallait toute l'Autorité de la Sagesse et de la Science intégrales, dont j'ai si souvent parlé.

Comme nous l'avons vu dans les processions sacerdotales de l'Égypte, le Dieu Social était présent sous cette forme scientifique dans le Livre sacré, pour lequel l'Arche d'or avait été bâtie sur le modèle de celle des Sanctuaires d'Égypte.

Aaron, prêtre d'Osiris comme son frère, en possédait les connaissances; exemple : son témoignage d'Alchimie, dans le veau d'or, que Moïse s'empressa de dissoudre avec le fameux Alchaest, car, sans cela, l'Œuvre n'eût pas été complète, comme signifiant une certaine Maîtrise aux Initiés égyptiens, présents parmi ces millions d'hommes.

Telle est la signification cachée de la prétendue adoration du veau d'or par des gens sortant d'un pays plus civilisé que les nôtres, et qui n'eussent pas adoré plus que les modernes une stupide statue ne signifiant rien.

La Tradition dit que ce Grand Œuvre fut commun à Marie, prêtresse d'Isis, et à Aaron, prêtre d'Osiris; et ce Témoignage était celui de la troisième hiérarchie des sciences connues sous le nom d'ÈVE.

Nous allons assister maintenant à celui de Moïse, correspondant à la quatrième hiérarchie, à la première Lettre ou à la Droite du Nom Sacré.

J'ai dit que l'Arche du Témoignage, construite pour recevoir le Feu-Principe et le Livre, fut bâtie sur le modèle de celle des Sanctuaires égyptiens.

On peut confronter à ce sujet le chapitre xxv de l'*Exode* avec le livre des Morts de l'ancienne Loi de Ram, ch. i, l. 9, 10 : « Je suis le grand Principe de « l'Œuvre qui repose en l'Arche sacrée sur le Support. »

L'armature métallique d'or pur, qui garnit l'intérieur et l'extérieur de l'Arche, ainsi que les anneaux et les brancards, ne sont pas sans intérêt : *Exode*, ch. xxiv, v. 10, 11, 12.

Les deux Chérubs d'or des versets 18, 19 et 20 sont également intéressants.

Mais ce qui ne l'est pas moins, c'est l'Orientation de cette Arche, en rapport avec des Forces physiques et hyperphysiques.

Exode, ch. i., v. 19 : « Et ayant porté l'Arche dans le Tabernacle, il « suspendit le voile au-devant pour accomplir le commandement du Seigneur.

Ibid., v. 20 : « Il mit la table dans le Tabernacle du Témoignage, du côté « du Septentrion, hors du voile.

Ibid., v. 21 : « Il mit aussi le chandelier dans le Tabernacle du Témoignage, « du côté du Midi, vis-à-vis de la table.

Ibid., v. 28 : « Il posa aussi le bassin entre le Tabernacle du Témoignage « et l'Autel, et le remplit d'eau.

Ibid., v. 29 : « Moïse, Aaron et ses fils y lavèrent leurs mains et leurs « pieds, v. 50 : avant d'entrer dans le Tabernacle de l'Alliance et de « s'approcher de l'Autel, comme le Seigneur l'avait ordonné à Moïse.

Ibid., v. 52 : « Une nuée couvrit le Tabernacle du Témoignage, et il fut « rempli de la Gloire du Seigneur.

Ibid., v. 53 : « Et Moïse ne pouvait entrer dans la tente de l'Alliance, « parce que la Nuée couvrait tout, et que la Majesté du Seigneur éclatait de « toute part, tout étant couvert de cette nuée.

Ibid., v. 36 : « La Nuée du Seigneur se reposait sur le Tabernacle durant « le jour, et la Flamme y paraissait pendant la nuit, les tribus d'Israël la « voyant de tous les lieux de leur campement. »

Je suis pas à pas le Témoignage théurgique de Moïse, tel que toutes les Bibles le donnent.

Il s'agit d'une Alliance avec IÊVÊ, il s'agit de l'Union psychurgique et cosmogonique, contractée par un Initié et un Initiateur du plus haut grade avec l'Esprit et l'Ame de l'Univers.

Nous allons suivre dans ce Tabernacle les chefs du Conseil de Dieu, parmi lesquels Marie représentant la tête du Collège féminin.

Encore une fois, l'Alliance est personnelle à Moïse.

Lévitique, ch. xvi, v. 2 : « Dis à Aaron, ton frère, de ne pas entrer *en tout*

« *temps* dans le Sanctuaire qui est au dedans du voile, devant le propitiatoire
« qui couvre l'Arche, de peur qu'il ne meure : car j'apparaîtrai sur l'Oracle
« dans la Nuée.

Verset 4 : « Qu'il se revête de la tunique de lin; qu'il couvre ce qui doit
« être couvert avec un vêtement de lin; qu'il se ceigne d'une ceinture de lin;
« qu'il mette sur sa tête une tiare de lin : *ces vêtements sont saints, et il les*
« *prendra tous après s'être lavé.*

Verset 12 : « Puis il saisira l'encensoir qu'il aura rempli des charbons de
« l'Autel, et prenant avec la main les parfums *qui auront été composés* pour
« servir d'encens, il entrera au dedans du voile dans le Saint des Saints.

Verset 13 : « Afin que, les parfums étant mis sur le feu, leur vapeur et
« leur fumée s'épandent sur l'Oracle qui est au-dessus du Témoignage et qu'il
« ne meure point.

Verset 17 : « Que nul homme ne soit dans le Tabernacle quand le Pontife
« entrera dans le Saint des Saints. »

Nombres, ch. IV, v. 19 : « Prenez garde qu'il ne touche au Saint des Saints,
afin qu'il vive, et de peur qu'il ne meure.

Verset 20 : « Que les autres ne jettent point de regards curieux sur les
« choses qui sont dans le Sanctuaire, avant qu'elles ne soient enveloppées;
« autrement ils seront frappés de mort. »

Nombres, ch. XII : « Marie et Aaron parlèrent contre Moïse au sujet de sa
« femme qui était éthiopienne. »

Verset 2 : « Ils dirent : Le Seigneur n'a-t-il parlé que par le seul Moïse?
« Ne nous a-t-il pas parlé comme à lui?

« Le Seigneur les entendit.

Verset 3 : « Moïse était le plus doux des hommes.

Verset 4 : « Le Seigneur parla immédiatement à Moïse, à Aaron et à
« Marie : Allez, vous trois, seuls au Tabernacle de l'Alliance.

« Ils y allèrent.

Verset 5 : « Le Seigneur s'abaissa dans la colonne de nuée, et se tenant
« à l'entrée du Tabernacle, Il appela Aaron et Marie.

« Ils s'avancèrent.

« Verset 6 : « Il leur dit : S'il se trouve parmi vous un Prophète du

« Seigneur, je lui apparaîtrai à travers une vision, ou je lui parlerai à travers
« un songe.

Verset 7 : « Mais il n'en est pas de même de mon serviteur, de Moïse, mon
« plus fidèle serviteur dans tout mon Temple.

Verset 8 : « Je lui parle de bouche à bouche, et il voit le Seigneur en
« pleine lumière, sans énigmes, sans figures.

Nombres, ch. xii, v. 10 : « La nuée se retira du Tabernacle; et Marie parut
« aussitôt toute blanche de lèpre comme la neige.

Verset 15 : « Alors Moïse cria au Seigneur et lui dit : Mon Dieu, guéris-
« sez-la, je vous en supplie! »

Il n'est aucun physicien, aucun médecin suffisamment instruit qui ne
puisse reconnaître, aux caractères de l'avant-dernier verset, ce que l'on
appelle *la lèpre électrique.*

L'Électricité est là, mais simplement comme force intermédiaire dans
notre Atmosphère; et il y a, derrière, d'autres forces encore, enveloppant ce
que les Indiens appellent l'Akasa, voile elle-même d'une concentration de
l'Ame du Monde et de l'Esprit pur sur ce Tabernacle et sur ce Théurge.

Ce dernier eût été invinciblement dévoré par la Foudre, si son âme et son
esprit avaient cessé un seul moment d'être de même Essence que l'Ame du
Monde et que l'Esprit universel, avec lequel sa Sagesse et sa Science l'avaient
directement allié.

Aucun commentaire n'est ici nécessaire, et il suffit de laisser parler toute
Bible pour voir les Éléments terrestres obéir à cette Alliance, et défendre
l'œuvre intellectuelle et sociale de celui que IÈVÊ avait jugé digne de son
attention et de son amour.

Parmi ces éléments, je citerai le Feu-Principe, que nous retrouvons dans
tout l'ancien culte dorien, depuis l'Étrurie jusqu'à l'Hébyreh.

Lévitique, ch. x, v. 1 à 10 : « Alors Nadab et Abiu, fils d'Aaron, y mirent
« du feu et de l'encens dessus, et ils offrirent devant le Seigneur *un feu*
« *étranger*, ce qui ne leur avait pas été commandé.

« Du même coup, le Feu sortit du Seigneur et les dévora, et ils mou-
« rurent devant le Seigneur.

« Moïse dit donc à Aaron : Voici ce que le Seigneur a dit : Je serai sanc-
« tifié dans ceux qui m'approchent, et je serai glorifié devant tout le peuple.

« Aaron, entendant ceci, se tut, et Moïse ayant appelé Misaël et Elisa-
« phan, fils d'Oziel, oncle d'Aaron, leur dit : Otez vos frères de devant le
« Sanctuaire, et emportez-les hors du camp.

« Ils les prirent étendus, morts, comme ils étaient vêtus de leurs
« tuniques de lin, et ils les emportèrent selon qu'il leur avait été commandé.

« Alors Moïse dit à Aaron, et à Éléazar, et à Ithamar, ses autres fils :

« Gardez-vous *de découvrir votre tête et d'entr'ouvrir vos vêtements*, de peur
« que vous ne mouriez et que l'Embrasement du Seigneur ne gagne tout le
« peuple. Que vos frères et que toute la maison d'Israël pleure l'Embrasement
« qui est venu du Seigneur.

« Mais pour vous, ne sortez point des portes du Tabernacle, vous péririez,
« parce que l'huile de l'onction sainte a été répandue sur vous. »

Je n'ajouterai pas un mot d'interprétation à l'exposé de ces terribles
mystères.

Je me bornerai à souligner les versets 9 et 10 du même chapitre et du
même livre.

« Le Seigneur dit aussi à Aaron : *Vous ne boirez point, vous ni les vôtres,*
« *de vin, ni rien de ce qui est spiritueux, quand vous entrerez dans le Tabernacle*
« *du Témoignage*, de peur que vous ne soyez punis de mort, parce que c'est
« une prescription absolue qui doit se transmettre à toute votre descendance.

« Vous devez avoir la Science pour discerner entre ce qui est saint ou
« profane. »

Jusqu'ici les Forces intellectuelles et morales de l'Univers, les Principes
cosmogoniques, directement alliés à Moïse, agissent dans l'Arche et dans le
Sanctuaire du Témoignage théurgique de cette Alliance.

Nous allons les voir exercer leur action ailleurs, avec une puissance dont
Moïse est le médiateur, mais qu'il ne commande pas à son gré.

Rappelons-nous ce que les Livres chinois disent au sujet de la guerre, pour nous expliquer l'extraordinaire bataille qui va suivre.

Le but de Moïse et de Jéthro n'a pas été seulement de constituer une nationalité, mais de l'instituer à certaines fins universelles, approuvées par les Forces intelligentes du Cosmos et, comme le dit Moïse, par le Dieu des Esprits de toute chair, IOD, Époux de ÈVÈ.

Ceci est tellement vrai que le Seigneur lui dit, à un certain moment, qu'il lui donnera, au besoin, un autre peuple, plus grand, plus fort, si cela est nécessaire.

Pour transmettre à travers les Cycles à venir le Livre scellé de la Science dorienne des Principes, le peuple d'Hébreux, d'Égyptiens et d'Éthiopiens, dont le dixième environ représente six cent mille hommes bons à la guerre, cette foule enlevée et isolée au Désert comme sur un trépied fatidique, à la merci du Pygmalion qui lui souffle son Esprit, doit recevoir l'Animation synarchique dans les Formes comme dans l'Essence de ses institutions, ou périr comme nation, en s'engloutissant dans le Genre humain d'où elle sort.

C'est un cheval de sang que Moïse selle et bride, pour que l'Esprit invisible le monte et le lance à fond de train à travers les cadavres des Sociétés en proie à l'Anarchie.

S'il regimbe, la Force terrible qui le maîtrise le serre jusqu'à l'étouffer; s'il s'abat, Elle l'enlève de terre en lui plantant ses éperons dans le ventre; s'il ne peut pas porter ce poids formidable d'un Dieu, il restera couché à terre, et un autre étalon plus vigoureux sera enfourché.

Mais ce peuple de six millions d'Orthodoxes était fort et digne de l'appel qui lui avait été fait.

C'est pourquoi, de peur qu'il ne pérît tout entier, un parti considérable de rebelles va être frappé tout à l'heure.

Nombres, ch. xiv, on peut voir l'Anarchie démocratique tendre, comme toujours, à se donner un gouvernement purement politique, un Pouvoir sans Autorité.

Verset 3 : « Plût à Dieu que nous fussions morts en Égypte! Plût à Dieu
« que nous mourions dans cette solitude sans fin!

« A Dieu ne plaise que nous entrions dans ce pays de Khanaan! Nous
« y périrons frappés par l'épée, et on y fera prisonniers nos femmes et nos
« enfants! Ne vaut-il pas mieux retourner en Égypte? »

Verset 4 : « Ils se concertèrent donc et se dirent : Nommons un Chef,
« et retournons en Égypte! »

Ainsi parle toujours la démocratie réduite à son propre Conseil, qui était
alors celui des anciens des tribus; ainsi toujours elle conclut à couronner
sa propre anarchie dans un Chef et à retourner dans la Terre de servitude.

On peut voir dans le même chapitre les chefs des deux premiers Conseils
acculés au désespoir.

Mais les Puissances invisibles sont là.

« Comme tout le peuple poussant d'immenses clameurs voulait les lapi-
« der, la Gloire du Seigneur parut aux yeux de toutes les tribus d'Israël sur
« le Tabernacle de l'Alliance. »

Alors s'engage entre le Théurge et son Allié céleste une admirable et
mystérieuse altercation, dans laquelle l'Humanité miséricordieuse parle par
les lèvres de Moïse, médiateur de son peuple, et couvre ce dernier de ses
supplications contre le poids terrible de la Suprême Volonté.

Quelle est alors cette Volonté, au sujet du Gouvernement d'Israël?

La Synarchie avec ses trois Conseils arbitraux.

Quelle est l'opposition du peuple à cette Suprême Volonté?

L'anarchie politique voulant se donner par acclamation un chef à son
image.

Ces enseignements formidables sont à rapprocher du passage de la Genèse
relativement à Nemrod, du verset cité dans ce chapitre au sujet d'A-malek, et
de tout ce qui s'accomplira plusieurs siècles plus tard, lors de l'établissement
de la royauté politique, malgré l'opposition des deux premiers Conseils, qui
seront noyés dans le sang.

L'Histoire universelle, reconstituée comme fond de tableau autour de cette solennelle tragédie du Désert, la commente comme des chœurs tels que Sophocle et Eschyle n'en ont jamais rêvés, et me dispense d'y rien ajouter.

La révolte ne se borna pas au troisième Conseil.

Le premier lui-même regimba terriblement contre la bride et contre le mors de son Maître.

Moïse, vieillard de quatre-vingts ans alors, petit, chétif, bègue, timide, avait à porter seul le poids de sa mission, dont lui seul connaissait entièrement le Principe et la Fin.

Je ne sais rien de plus tragique et de plus solennel dans l'Histoire du Monde que la situation de ce Grand Prêtre d'Osiris et de IÈVÈ, n'ayant sur cette terre d'autre force directe que sa Sagesse et que sa Science, qui l'avaient, dès ici-bas, réintégré dans le Règne de Dieu.

Autour de lui, dans le premier Conseil comme dans le dernier, la révolte gronde, et souffle l'Anarchie à travers six millions d'âmes, dans cette formidable scène du Désert, entre l'Égypte armée en arrière et les Confédérations hostiles de la Syrie en avant.

Le Seigneur lui avait bien dit, *Nombres*, ch. xii, v. 12 : « Ah! je les « châtierai; je les abandonnerai à l'extermination de la peste commune! « Quant à toi, je t'établirai chef d'un autre peuple, grand, plus fort que « celui-ci. »

En vain, à la prière du Théurge, son Allié céleste suspend cet arrêt.

Ibid., v. 20 : « Je leur ai pardonné, en réponse à ta demande. »

La révolte grandit, l'orgueil sacerdotal des Orthodoxes d'Égypte, des prêtres eux-mêmes, jette le masque, et se redresse tout entier devant ce vieillard sans défense humaine.

Nombres, ch. xvi, v. 1 à 50 : « Alors Coré, fils d'Isaar, petit-fils de Caath, « arrière-petit-fils de Lévi, et Dathan et Abiron, fils d'Eliab, et Hon, fils de « Pheleth des fils Ruben, s'insurgèrent contre Moïse avec deux cent cinquante « hommes des beni-Israël, Principaux de la Synagogue.

« Dans le temps des Assemblées, on les appelait par leur nom.

« Ils se soulevèrent donc contre Moïse et contre Aaron, et leur dirent :

« Qu'il vous suffise que tout le peuple soit orthodoxe, et que IÊVÈ soit
« avec eux.

« Pourquoi vous élever sur le peuple du Seigneur?

« Ayant entendu, Moïse baisa la Terre.

« Il dit à Coré et à sa troupe : Demain matin, IÊVÈ révélera ceux qui
« sont à Lui.

« Que chacun prenne son encensoir, toi Coré, et toute ta troupe.

« Demain, ayant pris du feu, vous offrirez l'encens devant le Seigneur;
« et celui-là sera saint que le Seigneur aura choisi Lui-Même.

« Vous vous élevez beaucoup, enfants de Lévi !

« Moïse envoya appeler Dathan et Abiron, fils d'Eliab.

« Nous n'irons pas, répondirent-ils. Qu'il vous suffise de nous avoir
« enlevé d'une terre où coulaient des ruisseaux de lait et de miel, pour nous
« faire périr dans le Désert, sans vouloir encore nous dominer. En vérité,
« vous nous avez tenu parole! Vous nous avez mis en possession d'une terre
« où coulent des ruisseaux de lait et de miel! Vous nous donnez des champs
« et des vignes, n'est-ce pas! et, par surcroît, vous voudriez nous aveugler :
« nous n'irons pas.

« Moïse, envahi d'une grande indignation, dit à IÊVÈ : N'ayez point égard
« à leurs sacrifices. Vous savez que je n'ai jamais rien accepté d'eux, que je
« n'ai jamais fait tort à aucun d'eux.

« Il dit à Coré : Toi et ta troupe, présentez-vous devant le Seigneur, d'un
« côté, et Aaron s'y présentera de l'autre.

« Que chacun prenne ses encensoirs et y mette de l'encens, offrant au
« Seigneur deux cent cinquante encensoirs.

« Ainsi fut fait en présence de Moïse et d'Aaron.

« Tout le peuple étant rassemblé, eux étant à l'entrée du Tabernacle,
« la Gloire du Seigneur apparut à tous.

« Le Seigneur parla à Moïse et à Aaron : Séparez-vous de cette assemblée,
car je veux les frapper tous.

« Moïse et Aaron baisèrent la Terre, et dirent : Tout Puissant! Dieu des
« Esprits de toute chair! Votre Indignation éclatera-t-Elle contre tous pour le
« péché d'un seul?

5

« Le Seigneur dit à Moïse : Commande à tout le peuple de s'éloigner des
« tentes de Coré, de Dathan, d'Abiron.

« Lorsqu'il se fut retiré de tous les environs de leurs tentes, Dathan et
« Abiron sortant se tinrent devant l'entrée de leurs pavillons avec leurs
« femmes, leurs enfants, et toute leur troupe.

« Alors Moïse dit : Vous allez reconnaître que c'est le Seigneur qui m'a
« envoyé pour exécuter tout ce que vous voyez et que ce n'est pas moi qui l'ai
« inventé de mon chef. Si le Seigneur par un nouveau prodige fait s'entr'ou-
« vrir la Terre et s'engloutir ceux-ci, et tout ce qui leur appartient, si,
« vivants, ils descendent dans les lieux infernaux, sachez alors qu'ils ont
« blasphémé contre le Seigneur.

« Il cessait à peine de parler que la Terre oscilla sous leurs pieds.

« Elle s'ouvrit, et les dévora, eux, leurs tentes et tout ce qui était
à eux.

« Vivants, ils descendirent dans les lieux infernaux.

« La Terre les recouvrit, la Mort les effaça du milieu du peuple.

« Tout Israël, qui était là, formant le cercle, s'enfuit sous le cri des
« mourants, disant : la Terre va nous engloutir aussi !

« En même temps, IÈVÈ émit le Feu, qui dévora les deux cent cinquante
« hommes qui offraient de l'encens.

« Le lendemain, toute la multitude des beni-Israël murmura contre
« Moïse et Aaron, disant : Vous avez tué le peuple du Seigneur !

« La sédition se reformait ; le tumulte grossissait.

« Moïse et Aaron coururent alors au Tabernacle d'Alliance.

« A peine entrés, la Nuée les couvrit et la Gloire du Seigneur apparut.

« Le Seigneur dit à Moïse : Retire-toi de cette multitude, que je les
« efface tous à l'instant.

« Ils se prosternèrent alors contre terre.

« Moïse dit à Aaron : Prends ton encensoir, du *feu de l'Autel*, de l'encens
« dessus, cours au peuple, prie pour lui : l'Embrasement jaillit du Trône de
« Dieu, le fléau commence, il éclate déjà.

« Aaron obéit, courut au peuple, que le Feu embrasait déjà, pria pour
« le peuple, offrit l'encens.

« Debout parmi les morts et les vivants, il pria pour le peuple :
« L'Embrasement s'arrêta.

« Quatorze mille sept cents hommes périrent, sans compter ceux qui
« étaient morts dans la sédition de Coré.

« Aaron revint trouver Moïse à l'entrée du Tabernacle d'Alliance, quand
« la mort se fut arrêtée. »

Ou ce qui précède est un abominable mensonge, ou c'est l'expression
d'un fait historique.

Examinons l'un ou l'autre cas, en commençant par le dernier.

Si c'est l'expression d'un fait historique, comme je le crois, que
signifie-t-il ?

Dans ce terrible drame, la volonté du Théurge, l'ontologie de Moïse fait
Un avec le Règne céleste et avec sa Loi.

Dans ce Tabernacle, est un Témoignage d'Alliance théurgique, mais entre
qui ? Entre IÊVÊ et le peuple d'Israël, comme les séditieux du Conseil de
Dieu ont voulu le faire croire ? Nullement.

L'Alliance existe entre IÊVÊ et Moïse même ; mais comment ?

Par la suprême Sagesse et la suprême Science de l'Epopte personnelle-
ment réintégré par l'Initiation dans le règne de Dieu.

Que veut la Providence appelée par Moïse, du sommet de l'Initiation par
la Sagesse et par la Science intégrales ?

Ouvrez le Livre.

Et il vous répondra avec toute l'Histoire du Genre Humain : la Synarchie.

Distinction de l'Autorité, du Pouvoir, de la Volonté populaire.

L'Autorité au Corps sacerdotal, c'est-à-dire, dans le style de cette époque,
à la totalité du Corps enseignant.

Par conséquent, l'Autorité à la science intégrale, avec ses quatre
hiérarchies de sciences, toutes ramenées à leurs Principes et à leur Principe
intelligible ou spirituel.

Donc, soumission des Sciences politiques aux Sciences morales ; donc, dans les rapports intergouvernementaux, comme dans ceux de métropole à colonies : Ne faites pas aux autres ce que vous ne voulez pas qui vous soit fait.

Le Pouvoir proprement dit à qui? Aux hommes de la Justice, comme l'Autorité aux hommes de la Sagesse et de la Science intégrales.

Comment Moïse, comment tous les orthodoxes du Monde, comment IÊVÊ, comment le Dieu Social de l'Univers et de la Terre, Père et Mère des Esprits et des Ames de toute chair, comprennent-ils le Pouvoir et son exercice, et dans quelles mains en placent-ils le sceptre?

Encore une fois, c'est la Justice qui doit tenir ce sceptre, et cette dernière est le premier reflet laïque de l'Autorité sacerdotale, de la totalité de l'Enseignement.

Le Collège des Dieux représente une seconde alliance avec la totalité du Corps enseignant.

Il reçoit l'Initiation, et le Code est ce qu'il doit être, le reflet juridique des Sciences intellectuelles et morales, ramenées à leurs Principes et à leur Principe.

Les anciens rois, jusqu'à Melchisédec, étaient des rois de Justice, et non des rois de Force militaire.

Sur ce point comme sur bien d'autres, la Bible, même dans ses traductions, est d'accord avec tous les Livres sacrés du Genre Humain.

Enfin, où est le champ légitime d'action de la Volonté populaire, où gît son pouvoir légal?

Dans l'administration économique, locale.

Reflet de la grande Magistrature, elle a droit à la petite Magistrature de ses intérêts immédiats, dont le deuxième Conseil est la Cour d'appel, dont le premier est la Cour de Cassation.

Comment se recrute ce troisième Pouvoir, d'où sort-il, qui le nomme?

Il se recrute dans chaque tribu, dans chaque circonscription divisionnaire, il sort de la vie morale, locale, et c'est la Morale qui le nomme, par la voix indivise des foyers, où IÊVÊ est assis non seulement dans le père, mais aussi dans la mère de famille.

Oui ou non, est-ce là l'Économie du Monde antique et de la Synarchie moïsiaque au Désert, pendant l'Alliance directe de Moïse et de IÊVÊ ?

Ouvrez l'Histoire du Monde, ouvrez la Bible.

Dieu et Moïse vous répondront, comme, plus tard, Dieu et Samuel, et l'Histoire du Monde antique vous répondra également, par toutes les voix de la Chine et du Japon, où, depuis la cabane du paysan jusqu'au palais de l'Empereur et du Mikado, la source vivante de cette Économie s'appelle Père et Mère, c'est-à-dire IÊVÊ.

Or, si, parvenu jusqu'à ce point dans la lecture du livre que j'écris, vous ne sentez pas la Vérité vivante chauffer votre âme et votre poitrine de sa divine chaleur, à quoi sert l'enseignement de l'Histoire du Monde, à quoi vous sert cette Bible, si ce n'est à faire votre propre volonté déviée de la Vie intellectuelle et sociale.

Est-ce que j'invente ces choses ?

N'est-ce pas la vie du Genre Humain tout entier qui vous les dit ?

Je ne fais que reporter les Sciences sociales sur les autels de l'Humanité, où le Dieu vivant Lui-Même a déclaré Sa Volonté aux Sages et aux Savants qui se sont mis en état de l'interroger avec la simplicité de cœur et d'esprit du dernier parmi les humbles, du plus petit parmi les enfants.

Or, pour sauver du déluge de toutes les anarchies un programme aussi simple, aussi sain, aussi vrai, il fallait que la plus haute Science, celle des Principes cosmogoniques, fût reconstituée, afin de permettre à ceux des siècles futurs qui seraient suffisamment éclairés, de rétablir partout l'Unité dans la Connaissance, comme dans la Vie.

C'est pourquoi ce Livre hermétique de cinquante chapitres est là, dans cette Arche.

Mais il est, dans l'Univers comme dans l'Humanité, des forces de dissociation, qui doivent être conjurées et, au besoin, combattues.

C'est pourquoi ce Témoignage théurgique d'Alliance directe entre IÊVÊ et Moïse est là, enveloppant l'Arche et le Livre.

C'est pourquoi ce vieillard de quatre-vingts ans, faible, sans armes, sans Pouvoir, appuie son Autorité directement sur ce Témoignage théurgique, par lequel IÊVÊ, du fond d'un Sanctuaire approprié, commande à certaines lois et à certaines forces de la Terre, par des Lois et par des forces qui n'appartiennent en propre qu'au Cosmos et qu'à Lui-Elle, le Dieu-Nature.

En faut-il d'autres preuves? Ouvrons le Livre.

Nous y verrons, depuis les Pyrées du Sinaï jusque dans le sein de la Terre elle-même, les forces planétaires obéir à l'Alliance du Théurge avec IÊVÊ, avec l'Ame et l'Esprit créateurs du Cosmos.

Deutéronome, ch. v, v. 1 à 26; c'est Moïse qui parle : « Le Seigneur « articula Ses Commandements d'une voix puissante, devant vous tous, sur la « montagne, du sein du Feu.

« Après que vous eûtes vu la montagne tout en Feu, vous m'envoyâtes les « Juges de vos tribus et vos Anciens, et vous me dites : Le Seigneur, Notre « Dieu, nous a fait voir Sa Majesté et Sa Grandeur. Nous avons entendu Sa « Voix du milieu du Feu.

« Allons-nous donc mourir, serons-nous donc dévorés par ce Grand Feu? « Car si nous entendons encore la Voix du Seigneur, notre Dieu, nous « mourrons.

« Qu'est tout homme revêtu de chair, pour pouvoir entendre la Voix du « Dieu Vivant, parlant du sein du Feu, comme nous l'avons entendue, sans en « perdre la vie? »

Quel est ce Feu? est-ce le feu physique, est-ce son Principe, non seulement cosmogonique, mais théogonique et théurgiquement invoqué?

Les Traductions laissent entrevoir l'immense profondeur scientifique de ce Mystère dans ce qui suit.

Deutéronome, ch. iv, v. 36 :

« Du Haut du Ciel Il vous a fait entendre Sa Voix pour vous instruire; Il « vous a fait voir Son Feu, un Feu effroyable, et vous avez entendu Ses Paroles « sortir du sein de ce Feu. »

Ce Feu divin, cet Empyrée comme l'appelle Orphée, ce Feu de tous les anciens Orthodoxes, depuis les Ghiborim de l'Hébyreh jusqu'aux prêtres et aux nazaréens d'Étrurie comme Numa, ce Feu, dont parle le vers d'Horace que j'ai cité à propos de certains Mystères de l'Encyclopédie abramide, Moïse nous dit d'où il vient.

Il vient du Haut du Ciel, il est le Feu propre du Principe mâle ou de l'Esprit pur, IOD, Il est Son Feu, et il a pour Athanor l'Arche même.

Deutéronome, ch. xxiii, v. 1, 2 :

« Voici la bénédiction que Moïse le Théurge donna aux enfants d'Israël,
« avant sa mort.

« Il dit : Le Seigneur est venu de Sinaï ; Il S'est levé sur vous de Seïr ; Il
« a paru sur le mont Pharan, et des millions de Saints avec Lui ; Il portait en
« Sa Droite la Loi du Feu. »

C'est donc bien le Chef des Puissances spirituelles du Cosmos, puisque des millions de Saints étaient avec Lui, parmi lesquels tous les antiques Orthodoxes.

Ce Chef portait en Sa Droite la Loi du Feu.

Or, dans l'hiérogramme de IÊVÊ, écrit à l'égyptienne de droite à gauche, la droite est Iod, le Principe Masculin, la gauche est Hé-Vau-Hé, ÈVÊ, le Principe Féminin ; et ce Nom sacré était crié dans les Mystères de Ram, de Dio-nysos, de Bacchus : Iaô-Hévauhé ! et on le retrouve encore jusque dans le Y-King, jusque dans les écrits de Lao-tsée.

Lévitique, ch. x, v. 23, 24 :

« Alors Moïse et Aaron entrèrent dans le Tabernacle du Témoignage, et
« en étant ensuite sortis, ils bénirent le peuple.

« En même temps, la Gloire du Seigneur apparut à tout le peuple
« assemblé, et un Feu sorti du Seigneur dévora l'holocauste et les graisses qui
« étaient sur l'Autel.

Quant à l'action exercée sur Moïse même par ce Feu Vivant, d'où lui parle IÊVÊ, elle n'est pas moins remarquable.

Exode, ch. xxx, v. 33, 34, 35 :

« Quand il eut achevé de leur parler, il revoila son visage.

« Lorsqu'il entrait et qu'il parlait avec IÈVÈ, il se dévoilait jusqu'à ce qu'il
« sortît.

« Lorsque Moïse sortait, on voyait son visage émettre des rayons ; mais il le
« voilait de nouveau chaque fois qu'il leur avait parlé. »

Je ne veux pas multiplier outre mesure ces citations, ni les commenter
plus qu'il ne convient.

Telle était la Puissance de la Sagesse et de la Science antiques, au sommet
de l'Initiation dorienne, quand, chose rare, l'Épopte se trouvait être un homme
de génie, capable de manifester la Divinité d'une manière convenable.

Supposons maintenant que tout ce qui précède, que tous ces récits
bibliques aient été inventés à plaisir, après coup, par Esdras, et non relatés
d'après d'anciens manuscrits, comme d'après la Tradition orale, laissée par
Moïse.

Comment est-il possible d'admettre qu'en pleine civilisation babylonienne,
parmi des hommes aussi profondément instruits des choses naturelles,
humaines, universelles, divines, que les quatre hiérarchies de prêtres kaldéens,
dont Daniel fut le Souverain Pontife, comment est-il possible même de
supposer que, devant un Collège des Dieux, devant soixante-dix hommes,
soixante-dix Lettrés juifs, Esdras eût pu inventer de pareilles choses, sans se
voir huer ?

Ma réponse est donc faite, et c'est bien à un fait historique, relaté d'une
manière plus ou moins légendaire, plus ou moins hermétique, à l'assyrienne,
mais c'est à un fait néanmoins, c'est à des faits théurgiques que nous avons
affaire ici.

Pourquoi ces faits ne se reproduiront-ils plus après la mort de Moïse ?

Parce qu'encore une fois, l'Alliance était personnelle à Moïse, et je vais
encore expliquer ce que cela signifie.

Fig. 2. — Après le meurtre du soldat égyptien, Moïse a été jugé et condamné. Il est dans sa prison. La vie semble terminée pour lui et il se désespère. Le mur de la prison s'illumine et Moïse se reconnaît accomplissant plus tard sa mission.

Moïse acquit sa Science et sa Sagesse dans les temples d'Égypte et d'Éthiopie.

Il en consigna une partie dans sa Cosmogonie, dans son Androgonie, ainsi que dans les trois autres livres suivants.

Ces cinq livres, écrits à l'égyptienne comme les prêtres doriens écrivaient, forment ce que les traducteurs ont appelé la *Genèse* et ses cinquante chapitres.

Oui ou non, les prêtres du plus haut grade maniaient-ils le langage d'une certaine manière qui leur était propre ?

Je crois l'avoir déjà prouvé : mais, voici encore quelques témoignages à ce sujet.

Voici d'abord celui d'*Hérodote*, liv. II, ch. 36 :

« Les Grecs, dit-il, écrivent leurs lettres et calculent de gauche à droite ; les Égyptiens, au contraire, de droite à gauche.

« Ceux-ci ont deux sortes d'écritures : l'une appelée sacrée, l'autre démotique ou vulgaire. »

Clément d'Alexandrie va plus loin, n'ayant pas de secret à garder.

Quand il parle des quarante-deux livres d'Hermès, réservés au Sacerdoce, il déclare que dix de ces livres étaient appelés hiératiques et étaient l'étude particulière du Pontife.

Voilà pour les livres hiératiques proprement dits; car il y en avait d'autres appelés hiéroglyphiques, qui rentraient dans le domaine des études du Scribe sacerdotal.

D'autres livres encore étaient écrits en symboles et faisaient partie des études, et étaient le propre de l'école dite des Mathématiques.

Voilà donc trois sortes de manière d'écrire, non seulement quant aux lettres, mais quant au génie même du langage : l'Hiérogrammatique, l'Hiéroglyphique, la Symbolique.

Voir, pour ce qui précède, *Strom.*, liv. VI, p. 633, 634.

Toutes les antiques Universités avaient également un idéographisme inintelligible au profane.

Dans *Eusèbe*, *Prép. évang.*, liv. IX, ch. ix, Philon de Biblos rapporte que Sankoniathon, Ionien, composa en langue analytique sa Cosmogonie à l'aide de certains mémoires qu'il trouva dans les Temples, et qui étaient écrits en lettres ammonéennes, inintelligibles au vulgaire.

Or, nous savons qu'Ammon est le symbole de la Loi du Bélier, ou de Ram.

Donc, l'Ionien Sankoniathon avait dans les mains des manuscrits doriens, écrits comme les prêtres orthodoxes écrivaient.

Mais il ne suffisait pas de les traduire en langue analytique, il fallait encore avoir la clef scientifique de leurs hiérogrammes.

Faut-il encore d'autres preuves ?

Diogène Laërce, d'après Thrasyllus, nous dit que Démocrite écrivit deux livres, dont l'un traitait de la langue sacrée des Babyloniens, l'autre de la langue hiératique des Orthodoxes de Méroë (*Vie de Démocrite*, segma xlix, liv. 9).

Héliodore, liv. IV, confirme ce qui précède au sujet des Égyptiens.

Théodoret dit la même chose au sujet des temples doriens de la Grèce.

Enfin, l'Égyptien Manéthon, dans *Eusèbe* (édit. Scalig., Amsterd., 1658, p. 6), déclare qu'il a tiré ses mémoires des colonnes qui étaient dans la terre de Sériad.

Il ajoute que ces colonnes avaient été gravées par Thoth, c'est-à-dire le Corps enseignant, avec des caractères hiéroglyphiques, mais dans la langue sacrée, c'est-à-dire hiérogrammatique.

Les bibliothèques de granit, de porphyre ou de basalte se retrouvent dans tout l'ancien Cycle, jusque chez les Chinois.

Toutes les expéditions savantes des rois de Justice du Cycle du Bélier en ont semé le Monde, depuis le fond de l'Orient jusqu'à Gibraltar.

Donc Moïse, prêtre d'Osiris-Isis, d'IÊVÉ, c'est-à-dire Épopte dorien des temples d'Égypte, ne séparant jamais le Principe Masculin du Principe Féminin, ni les Sciences de l'Ordre intelligible de celles de l'Ordre sensible, se conforma très certainement à la Loi dont il avait reçu du Grand Prêtre Jéthro les suprêmes communications.

NOUVEAU TESTAMENT

Ha BaR-ITh ha KaDOShaH

Alliance Nouvelle et Éternelle, Mystère de Foi

Ha BaShORE ASheR L'YOHAN

Évangile selon Saint Jean

JeSU

ALePH-PhaLA

Premier Chapitre

Verset 1. Le BRA-ShITh qui fonda l'Alliance éternelle,
            Le Principe est le Verbe et le Verbe est en Dieu :
            C'est la Raison Divine ordonnant Ses Puissances.

Verset 2. Cet Ordre des ALHIM est l'Univers Divin,
            L'Acte direct de Dieu, Lui-Même en Sa Parole.
            Il en est l'ATh, l'Essence, et, de l'ALeph au ThO,
            Ses Lettres sont les Dieux, les Alhim, les Archanges.

Verset 3. La Parole était donc avant que Rien ne fût.
            C'est par Elle que Tout fut créé. — Car, sans Elle,
            Rien n'étant évoqué, Rien n'aurait existé.

Verset 4. En Elle était la Vie Éternelle ; — et la Vie
            Était l'AOR, Lumière et Critère d'ADaM.

Verset 5. Cet AOR luit toujours jusque dans la TÉNÈBRE,
            Jusque dans la HoShell qui ne le comprend pas.

Verset 6. C'est pourquoi descendit du Ciel Jean le Baptiste
            Envoyé des ALHIM et marqué par leur Sceau
            Du ShéMaH d'YOHAN (l'YONAH des Eaux Vives).

Verset 7. Car Jean vint en NeD-OTh, en Témoin rituel
            Du Miracle évident de l'AOR, pour que d'autres
            Pussent à son appel Le reconnaître aussi.

Verset 8. Jean n'était pas l'AOR ; mais, Pèlerin céleste,
            Il rendait témoignage à l'AOR Incarné.

Verset 9.　L'AOR était l'AMaTh, la Vérité, le Verbe
Radieux dans la Chair d'ADaM, Visible à Tous.

Verset 10.　C'est ainsi que le Verbe est venu dans ce Monde;
Mais ce Monde, créé par Lui, L'a méconnu.

Verset 11.　Il est venu chez Lui, dans Sa CaBa-LaH même,
Dans le ShéMaH de Sa ThORAH, dans Sa Maison...
Et les Siens ne L'ont pas reçu.

Verset 12.　　　　　　　　　　　　　　Mais à toute Ame
Qui L'a reçu, le Verbe a donné le Pouvoir
De devenir Enfant d'ALHIM, à ceux qui croient
En Son ShéMaH Divin, à ceux qui, deux fois nés,
Ne sont plus Fils du Sang ni des Sens déchaînés,
Ni de la Volonté de l'Homme, mais du Verbe.

Verset 13.　C'est dans ce but qu'Il a revêtu notre Chair,
Et qu'Il est demeuré parmi Nous, plein de Grâce
Et de Vérité, — plein de ChéSeD et d'AMaTh.

Verset 14.　A Nous, Il S'est fait voir plus qu'en Sa Chair mortelle,
Dans Son Corps Glorieux, dans l'AOR, dans la Gloire
Qu'avait, Là-Haut, avant que ce Monde ne fût,
Le Verbe d'YÊVÊ, le BeN YaHVD du Père,
FILS UNIQUE DU DIEU VIVANT.

ANCIEN TESTAMENT

MOYSE

SePheR BRAShITh

Livre du Principe

Sepher BRA-ShITh

Planisphère du Créateur de l'Hexamère

ALePh-PhaLA

Chapitre Premier

YOM AHéD

Premier Cycle lumineux
Manifestation de l'AOR

Fig. 5. — Après sa condamnation Moïse a choisi la plus dure des expiations : l'exil au temple de Jethro dont aucun initié n'a réussi a subir les épreuves. Tous y sont morts. Moïse arrive la nuit en vue de ce terrible lieu et dit adieu a la vie.

Verset 1.   Le BRA-ShITh, Créateur des Six Jours, le Principe,
             Le Verbe avait créé l'Ordre de Ses ALHIM.

             Cet Univers des Dieux, cet Olympe d'Archanges
             Est l'ATh et l'ALePh-ThO de l'Univers des Cieux;
             C'est l'Ame et la Raison de l'Univers des Astres.

Verset 2.   Car l'Univers Astral ne serait par lui-même,
             Et n'était Rien; Chaos sans Loi, Vide sans Forme;
             Et la Ténèbre-Ignée étendant son linceul
             Sur l'Infini, voilait et voilerait encore
             L'Espace sans Mesure et sans Dimensions.

             Mais, sous le Tourbillon des Puissances du Verbe,
             L'Océan de l'Éther, d'Onde en Onde, vibrait;
             Car ROaH, l'Esprit Saint, la Divine Énergie
             Disait :
                      « Existe, AOR! »
                              Et l'AOR existait —
             Il'AOR-ROaH : Lumière-Esprit, Vie Éternelle,
             Substance unique d'où naîtront Trois Univers :
             Le Céleste, l'Astral et l'Humain. —

Verset 3.   Les Archanges
             Admirant jusqu'en Bas cette Splendeur d'en Haut
             Et la voyant semblable au Divin Archétype,
             S'y lancèrent. — Alors, Il Leur fit séparer
             L'AOR Vital d'avec la Ténèbre Mortelle;
             Et ce Double Milieu fut hiérarchisé
             En Destinations et Fonctions inverses.

Verset 4. Cela fait, l'Angélique Assemblée acclama
          L'AOR Vital du Nom de sa Fonction même :
          « Y-OM ! »
                    Jour Génésique : — Y, l'Affirmation
          Du Verbe; OM, la Substance Homogène, Unitive.

          Mais quant à la Ténèbre, Elle la proclama :
          « LYLeH ! »
                    Nuisance et Nuit! — L'YLeH, la Négative,
          L'Hétérogène anti-génique, l'ANTYLeH.

Verset 5. Tel fut, de l'Occident à l'Orient des Anges,
          De leur Veille à l'Éveil de ce triple Univers,
          De la Raison du Verbe à sa Parole en Acte,
          L'YOM AHeD, le Jour Unique, Universel,
          La « Lux Perpetua » du Ciel Spirituel,
          Le Cycle d'Or de la Lumière de la Vie.

YOM ShANI

Second Cycle Lumineux
Création de l'Univers Céleste

Verset 6.   Puis, l'Univers Divin dans l'AOR incanta
             Sur l'Océan des Eaux Vives cette Parole
             De l'Ordre unicentral et bipolarisé
             Du Ciel des Cieux, ShéMaH des Ondes dynamiques :
             « Que l'Omnipénétrant et Translucide Éther
             « Décrive un Empyrée, un Séjour théophane,
             « Pour régir l'Océan des Forces, au Foyer
             « Des Ondulations de la Substance-Vive!
             « Que l'Univers Divin y trône, projetant
             « Les Ordres réfléchis de nos Hiérarchies
             « En Fonctions et Lois des Milieux différents,
             « Ondes sur Ondes, Mers sur Mers, Orbes sur Orbes! »

Verset 7.   C'est ainsi que le Verbe, à travers Ses ALHIM,
             Réfléchit l'Univers Divin dans l'Empyrée,
             Pour créer l'Univers Céleste en ALeph-ThO,
             En Essence Verbale, en Substance Logique,
             Harmonique, Organique, en Parole de Dieu,
             En Efficacité créatrice, en Lumière.
             Il hiérarchisa par milieux définis
             L'Intériorité des Ondes dynamiques
             Jusqu'au Zénith, jusques aux Cimes de l'Éther,
             L'Intériorité des Eaux dynamisées
             Jusqu'au Nadir, jusqu'aux Abymes Ethérés.
             Et ce fut CaN, Statut, Divine Économie,
             Ordre Constitutif et Providentiel.

Verset 8.   C'est pourquoi le Conseil des Puissances du Verbe
             Proclama ce Statut des Ondes de l'Éther,

Et l'acclama du Nom de Sa Fonction même :
« ShèMa-YM »

        Univers Céleste ! — ShèMah, Ciel,
Gloire, Ordination conforme à l'Archétype, —
YM, — Ondulations doubles, Flux et Reflux
De l'Océan Éther, de la Mer des Eaux Vives.
Tel fut, de l'Occident à l'Orient des Dieux,
De leur Veille à l'Éveil de l'Univers Céleste,
De la Raison Suprême à ce Décret Verbal,
L'YOM ShaNI, le Jour Second et qui seconde,
Le Cycle lumineux joignant deux Univers :
Le Divin et l'Astral

YOM ShLIShI

Troisième Cycle Lumineux
Création de l'Univers Astral

Verset 9.   Puis les Dieux incantèrent,

Disant :

            « Que l'Océan des Fluides d'en Bas
« Dynamisé d'en Haut par son Support Céleste
« Se condense à l'État Chimique pondéral,
« Et soit précipité vers son État Statique!
« Qu'il prenne pour Support la Résistance, en Bas,
« Le Néant, le Chaos et la Ténèbre Ignée,
« Et l'enrobe, changeant le Vide en Densité,
« L'Inertie en Travail et l'Amorphie en Forme!

« Puis, que, dans l'Océan des Ondulations
« De l'Éther, roule et brûle une autre Mer... de Sables :
« La Gravitation de l'État Minéral! »

Verset 10. Ils dirent : ce fut fait.

                         C'est pourquoi les Archanges
A travers l'Univers Céleste ont proclamé
La Gravitation des Masses Minérales :
« AReTs! »

            Astralité Cyclique! — A, l'Unité,
L'Universalité, — ReTs, la Course infinie
A, la Direction, — ReTs, le Cyclône Astral.

Ils nommèrent aussi l'Enroulement des Ondes
Mers Gazeuses et Mers liquides, Mers sur Mers
Roulant dans l'Océan de l'Éther et des Forces.

Puis le Conseil des Dieux vit ce Prodrôme Astral
Conforme au But Sacré marqué par l'Archétype.

Création du Genre Végétal.

Verset 11. Ensuite L'Empyrée incanta dans l'Éther
 La Parole du Grand Médiateur Plastique :
 « Que l'Univers Astral devienne réceptif
 « Du Genre Végétal formé dans le Céleste !
 « Qu'il subisse, à travers Atmosphères et Mers,
 « Les Imprégnations latentes des Espèces :
 « Espèce Herborescente à Sève, tout d'abord,
 « Espèce Graminante et portant Graine, ensuite,
 « Espèce Arborescente et portant Fruit, enfin,
 « Et Semence au dedans ! »
      Ce fut Statut Divin,
 Car l'Univers Astral n'en reçut pas encore,
 N'étant que le Support de ce Médiateur
 Entre le Minéral et la Vie animale

Verset 12. C'est pourquoi l'Univers Divin prédestina
 L'Astral à recevoir du Céleste ce Genre :
 Espèce Herborescente à Sève, tout d'abord,
 Espèce Graminante et portant Grain, ensuite,
 Espèce Arborescente et portant Fruit, enfin,
 Avec Semence interne au Fruit.
      Puis les Archanges
 Inspectant le Destin du Genre Végétal
 Le trouvèrent conforme au But de l'Archétype.

Verset 13. Tel fut, de l'Occident à l'Orient des Dieux,
 De leur Veille à l'Éveil de l'Univers des Astres,
 De la Raison Divine à ce Décret Verbal,
 L'YOM ShLIShI, le Jour Médiateur, Ternaire,
 Le Cycle Végétal de l'Univers Astral.

YOM RaBIWI

Quatrième Cycle Lumineux
Création des Espèces Astrales

Verset 14. Après le Genre Astral, les Anges incantèrent
Ses Espèces, selon leurs Modes Attractifs
Et l'Ampliation des Modes de Lumière :

« Qu'existent, dans le Monde Astral, les M'AOROTh
« Des THOROA'M! les Grands Signes, les Grands Miracles
« Des Circulations de ROaH dans H'AOR!

« Que la Cosmophanie avec ses Chefs de Nômes
« Déroule dans l'Éther ses Orbes flamboyants,
« Pour hiérarchiser en Fonctions inverses
« L'Intériorité du Jour sur-astréen,
« L'Intériorité de la Nuit subastrale!

« Que tous les Chefs de Clan de ces Nômes ardents
« Lèvent les Étendards héraldiques du Verbe,
« Pour signaler le Cours de Ses Décrets divins,
« Les Rénovations de sa Sainte Alliance,
« Les Circulations de la Vie enrobant
« Le Cycle Universel, tous les Cycles Solaires,
« Et, par eux, Toute Année Astrale que ce soit!

Verset 15. « Qu'ils soient solarisés ces Hérauts de Lumière,
« Par l'Archétype, par notre Dieu, notre Roi!
« Et que chacun d'eux soit un reflet de Sa Gloire
« Distribuant l'AOR dans son Souffle de Feu
« Aux Ondes de l'Éther, aux Orbes de l'Espace,
« Pour les dynamiser et pour vivifier
« Des Sept Modes d'HAOR-ROaH, de Monde en Monde,
« Les Révolutions de l'Univers Astral! »

Et ce fut CaN! État, Statut, Économie,
Ordre Constitutif et Providentiel.

VERSET 16. Étant dit, c'était fait, et les ALHIM du Verbe
Dans la Substance-Mère avaient solarisé
Les Hérauts de l'AOR septuple, en Modes Doubles,
M'AOR Majeure pour montrer, Ma-MeShy'LeTh,
Le Règne du Messie, en Son Cycle Diurne,
M'AOR Mineure pour montrer, Ma-MeShy'LeTh,
L'Attente du Messie, en Son Cycle Nocturne.

Et tout fut fait en Ath Divin, d'ALeph à ThO,
En Essence Verbale, en Substance Logique,
Harmonique, Organique, en Parole de Dieu,
En Efficacité créatrice, en Lumière.

Puis, le Monde Divin, de la même manière,
En ATh, d'ALeph à ThO, fit les Représentants
De Ses Ordres, groupant en Nômes harmoniques
Les Co-CaB-YM, les Chœurs des Constellations,
Les Poèmes Astraux du Poète des Mondes.

VERSET 17. C'est ainsi que les Dieux, dans l'Univers des Ondes,
Fondèrent l'Univers Astral Solarisé,
Pour en vivifier les Demeures futures
Et l'« Habeas Corpus » des Êtres à venir,

VERSET 18. Et qu'Ils firent surgir de lui des Porte-Gloire
Pour y représenter Celle du MeShYall
Dans le Jour Héliaque et la Nuit Constellée,
Pour hiérarchiser en Milieux différents

L'Intériorité Diurne et la Nocturne.
Puis les ALHIM scrutant cet Univers Astral,
Le trouvèrent conforme au But de l'Archétype.

VERSET 19. Tel fut, de l'Occident à l'Orient des Dieux,
De leur Veille à l'Éveil de ce Monde des Astres,
De la Raison Divine à ce Décret Verbal,
Cet YOM RaBIWI, ce Cycle quaternaire
Quadrige flamboyant, Char du Verbe Éternel.

Fig. 4. — Grâce a l'amour de la fille de Jéthro, Moïse sort vivant des épreuves. Voici l'épreuve des deux coupes. Une main mystérieuse désigne a Moïse la coupe qui ne contient pas de poison.

YOM HaMIShY

Cinquième Cycle Lumineux
Création du Genre Sensitif

ח

Verset 20. Le Divin Univers incanta les Eaux Vives
Du SheMa Psycurgique et du Don des Cinq Sens :

« Que dans la Double Mer des Fluides Solaires
« L'Éther solarisé soit en Travail Vital!
« Que les Vibrations de l'Ame Universelle
« Zoogène, NePhESh-HaYaH, insufflent WOPh,
« Le Genre Volatil de l'Univers Céleste!
« Que ce Genre, à travers l'Espace Interastral,
« Étendant son essor monte vers l'Empyrée! »

Verset 21. Ensuite les ALHIM créèrent l'ATh de NYN,
Le Nageur colossal de la Mer étoilée,
Genre de tous les grands Protogônes des Mers.
Puis vint l'Étiurgie entière de ses Races
Vibratiles, auto-mouvantes, dont NéPheSh
Fait vibrer, fermenter et foisonner les Ondes.
Car les ayant faits Genre, en ATh, les Dieux Parlants
Prononcèrent le MYN qui créa leurs Espèces,
Et de même pour l'ATh de MOPh et ses MIN-YM,
Pour le Genre Ascendant volatil et les siennes.

Le Chœur Divin voyant ce Prodrôme Vital
Et le trouvant conforme au Vœu de l'Archétype,
Verset 22. En bénit les Esprits Gardiens! Puis, s'adressant
A la foule de tous ces êtres innombrables
Il dit :
« Vivez! Allez où vous mènent vos Sens!
« Jouissez du bonheur que comporte votre Ordre!
« Prospérez, pullulez et myriadisez

          « Et saturez de vie incessante les Cycles

          « De la Mer Temporelle et de toutes les Mers,

          « Les Flux et les Reflux des Mers Atmosphériques

          « Et de la Mer Plastique où s'engouffrent les Eaux ! »

Verset 23. Tel fut, de l'Occident à l'Orient des Anges,

          De leur Veille à l'Éveil de l'Univers Vital,

          De la Raison du Verbe à Sa Parole en Acte,

          Ce Jour Pentagonal, cet YOM HaMIShY,

          Ce Jour de la NePhESh HaYaH, l'Ame de Vie,

          Ce Cycle Lumineux des Sens Universels.

YOM ShaShY

Sixième Cycle Lumineux
Création du Genre Animal

VERSET 24.   Alors le Chœur des Anges
              Incanta de nouveau les Eaux Vives du Ciel,
              Pour y faire le Cycle entier des Créatures,
              Qu'il destinait aux sols de l'Univers Astral :
              « Que toute Terre, au sein du Ciel, sente autour d'elle
              « Les Involutions de l'Ame Universelle
              « Zoogène, NePhESh HaYaII, l'envelopper
              « Et l'imprégner du Genre et des Espèces siennes,

VERSET 25. « De BélléMaII, l'Esprit des Plaines des Troupeaux,
              « Et de RéMeSh, l'Esprit des Bois, des Monts, des Faunes ! »
              Et ce fut CaN, Statut.
                            L'Esprit chef des Troupeaux,
              L'Esprit chef de Remesh, leurs Genres, leurs Espèces
              Furent solarisés dans l'Ordre interastral,
              Puis tous ceux d'ADaMaII, la sainte Hyper-Astrée.

              Puis l'Univers Divin scruta cette Œuvre et vit
              Que tout y concourait au But de l'Archétype.

                    CRÉATION DU GENRE HUMAIN.

VERSET 26. Alors les Dieux Parlants de l'Univers Divin,
              Tous, Créateurs du Ciel et des Astres, s'unirent
              En Conseil, pour créer l'autre Univers, l'Humain ;
              Puis Ils dirent :
                            « Donnons un Chef à tous ces Genres
              « D'Esprits vivants ! Créons l'Adam du Genre Humain !

« Revêtons son Esprit de TseLeM, Notre Gloire,
« Pour qu'il ait comme Nous un Corps Spirituel,
« Un Assimilateur d'AOR comme le Nôtre,
« DaMOTh, Signe divin de notre Identité !

« Qu'il règne sur DaGOTh, le Chef de la Plongée
« Des Êtres, d'Onde en Onde et de Limbes en Eaux,
« Et sur WOPh le Planant, qui fait la remontée
« Des YM aux ShéMa-Ym, de l'Onde Astrale aux Cieux,
« Et sur la BéHéMaH, son Genre et ses Espèces,
« Et sur son Opposant, le RéHeSh et les siens,
« Sur tout ce qui se meut autour de toute Terre,
« ChoL AReTs, dans le Sein de tout le Cycle Astral ! »

Verset 27. C'est pourquoi le Conseil tout entier des Archanges
Accomplit l'ATh d'ADaM de l'ALeph jusqu'à ThO,
Son Entité, depuis le Rayon jusqu'au Cycle.
Il le fit dans Sa Gloire, à l'État Glorieux,
En ATh Double, en AThO, formé comme les Dieux
De deux Ames s'aimant dans un même Corps d'Ange,
Mâle et Femelle en Un, ZaCaR Va NaKeBall,
En AThaM, en Synthèse Harmonique, Immortelle,
De Sagesse et d'Amour.

Verset 28.   Et l'Univers Divin
Bénit cette Synthèse où rayonnait Sa Vie,
Et lui dit :

« Jouissez ! donnez ce Don béni,
« Ce bonheur de la Vie Humaine à l'Infini !
« Remplissez l'ATh d'AReTs de votre propre Essence
« Lumineuse à travers cet Univers Astral !

« Et régnez sur DaGOTh, le Chef de la Descente
« Des Êtres, d'Onde en Onde et de Limbes en Eaux,
« Et sur WOPh le Planant, Chef de la Remontée
« Des YM aux ShéMa-YM, de l'Onde Astrale aux Cieux,
« Et sur la BéHéMaH, son Genre et ses Espèces,
« Et sur son Opposant, le ReMeSh et les siens,
« Sur tout ce qui se meut autour de toute Terre.
« ChoL A-Rets, dans le Sein de l'Univers Astral ! »

VERSET 29. C'est alors que l'Église Angélique du Verbe
          Incanta de nouveau les Eaux Vives et dit :

« Hinneh ! Voici le Don de Présence réelle !
« Je t'ai prédestiné, tel qu'il existe au Ciel,
« Le Type essentiel des pures graminées
« Et les Arbres portant des Fruits spiritueux.
« Parmi ceux dont le Genre enveloppe les Astres,
« Entre tous, que le Blé soit mon Don Rituel,
« L'Hostie et l'ACaLaH de ma KaHalaH d'Anges
« Le Pain de l'Alliance Archangélique en Moi ! »

VERSET 50. Quant à tous les Esprits du Genre et des Espèces
          De WOPh, de la BéHéME et du ReMeSh, les Dieux
          Dirent :
                « Que leur ACaL soit l'Herbe Verdoyante
          « Que les Champs Éthérés forment pour ceux d'en Bas ! »

VERSET 51. Puis, l'Univers Divin scrutant dans son Essence
          L'Universalité de Son Œuvre, en Présence
          Du Divin Archétype et de Son Plan Sacré,
          L'en trouva digne, aussi parfaite que possible.

Tel fut, de l'Occident à l'Orient des Dieux,
De leur Veille à l'Éveil de l'Univers des Êtres,
De la Raison Divine à ce Décret Verbal
L'YOM ShaShY, le Jour de l'Œuvre Hexagonale,
Le Conjoncteur de tous, l'Harmonique Éternel,
Cycle du Don de l'Être à l'Univers des Êtres.

BeTh-ThéBa

Second Chapitre

Verset 1.   Tels sont l'Ordre Intégral et la Finalité
             Des Cycles du Principe, au Ciel et dans les Astres,
             Et leur Direction Divine ordonnançant
             La Tséba Tsebaoth et ses Hiérarchies,
             Immense Armée en Marche incessante à travers
             L'Infini Défini, l'Éternité Nombrée.

Verset 2.   C'est pourquoi les ALH-YM rentrèrent dans l'AOR
             Pour célébrer l'YOM ShaBIWI, Jour Septième,
             Le Cycle radieux des Travaux Accomplis,
             Et pour rendre à Leur Roi Puissance, Honneur et Gloire
             Et le Mandat Royal exécuté par Eux.

Verset 3.   De Splendeur en Splendeur le Conseil des Archanges
             Bénit et consacra ce Cycle solennel,
             Ce Zénith de la Gloire Éternelle du Verbe
             Qui les avait créés ALHIM de Sa MaLCOuTh.
             État-Major divin de Son Divin Royaume.
             Pour porter Sa Parole et pour manifester
             Jusqu'au fond du Néant la Majesté de l'Être.

Verset 4. ALaH, le Tout-Puissant, ThOa, signa du ThO.
             Du Signe de la Croix des Fins Universelles,
             Les Générations du Ciel Fluide et Celles
             De l'Univers Astral.
                          Il les signa devant,
             Ba Ha BRA-M, oui, devant leur Créateur : le Verbe,
             Le BRA-ShITh!...
                          Mais qui donc était ce Tout-Puissant?

IÈVÈ!

C'était l'Essence ineffable, le Père
Qui S'engageait ainsi pour Son Fils, par la Croix,

Verset 5. Avant que la ShYaH de ShADeH, la Série
De la Nature... eût fait passer au Mode Astral
Les Transpositions des Espèces Célestes
Et que le Végétal fût naturalisé.

Car IÈVÈ, cette Essence Unique à Triple Vie,
N'avait pas fait l'Hymen des Terres et des Cieux;
Adam était encore AYN, Fils de la Gloire,
Et résidait plus haut que l'ATh de l'AdaMaH.

Verset 6. Alors intervint l'AD (d'ADi-Ti), — la Nuée.
Le Voile Nuptial descendit, répandant
Ses Flots Sémentiels selon l'Espèce Astrale,
MYN-AReTs! Il reprit son vol et satura
De son omni-présence et de ses énergies
L'universalité de l'ATh de l'ADa-MaH.

Verset 7. C'est sur la ShéKYNaH de cette Mer de Vie
Qu'IHOH-ALHYM, le Dieu Vivant de tous les Dieux
Emportant l'ATh d'ADaM, transposa, radieux,
Son Corps Spirituel de Son Genre à l'Espèce
Amphybie et Super-Astrale d'ADa-MaH.
C'est là qu'Il l'insuffla jusqu'au fond de son être
De NiShèMaTh, l'Esprit Céleste des ALHIM,
Celui des HaYaH-YM, des Cycles de la Vie.

AdaM Sur-Animé fut donc mis au-dessus
De la NéPheSh-HaYaH, de l'Ame Universelle
De la Vie Animale.

Verset 8.   Alors, IHOH-ALHYM
Créa le Majorat d'ADaM, Son Feudataire :
GaN-Bi-WèDeN, -GaNa, le Modèle accompli
De toutes les Cités théandriques futures.
Dans WèDeN, dans le Type Immortel des Cultures
D'un Monde cultivé par l'Univers Divin.
Ce Domaine Royal était dans le Royaume
Près de sa Métropole antérieure à l'Homme,
La KaDMée ou le Verbe est le Grand Roi des Dieux,
Qui règnent à leur tour sur autant d'autres Anges
Que Lui Seul en pourrait compter dans l'Infini.

C'est là qu'IHOH-ALHIM Y-SheM, fit, au Ciel même
Le ShèMa de l'Essence Immortelle d'ADaM,
Son Ciel à lui, Séjour de sa Béatitude
Dans l'AOR, dans l'YOM sabbatique, à jamais.

Verset 9.   C'est là qu'IHOH ALHIM avait fait apparaître
L'Espèce Adaméenne en sa perfection,
Les Types de Beauté de toutes les Essences
Dont l'Excellence au Goût égalait la Beauté.
Et, dans la Gana même, au Centre de la Ville,
Deux Arbres portant Fruits, l'Un d'Immortalité,
Était le Régulier du Ciel, l'Arbre de Vie ;
L'autre, le Séculier, donnait les Fruits du Temps
Et la Sapidité troublante du Mélange
Astral, vertigineux du Bien qui vient du Ciel,
Et du Mal Infernal, de la Ténèbre Ignée.

Verset 10.   Le Type Impondéral des Fleuves, le NaHaR,
Le Véhicule Inter-Astral des Ondes Vives
Parcourant le WèDeN (de sa NaRaYaNà),
Vivifiait la Ville ; et, de là, ses Effluves

        Prenaient dans l'Univers quatre Directions,
        Et ces Quatre Courants devenaient Quatre Modes
        De la même Énergie en Quadruple Travail.

VERSET 11. Le Nom du Premier Mode était Ph'YShON, son Rôle
        Le Souffle, le Courant Héliaque d'YSHO,
        Du Dieu Sauveur, du Verbe épandant sa Lumière.
        Et Ph'YShON embrassait toute l'Astralité
        D'IHO-YLeH, la Substance illuminant les Formes.

VERSET 12. La Splendeur qu'elle montre aux regards des Esprits
        Est comme un Océan d'Or Vif. — C'est l'Incidence
        Dont BeD-OLaH, son Prisme Interférentiel,
        Réfléchit les Rayons chrysoïdes, les Types
        Et les Identités que surveillent les Dieux.

VERSET 13. Et le Second Courant était GYHON, le Gyre,
        Qui meut le Pôle Astral autour de son Pivot,
        Et l'induit du Circuit de COuSh, le Thermogène,
        Le Cycle de Chaleur qui ceint tout Équateur.

VERSET 14. Et le Troisième était HéDaKeL., le Mobile,
        L'Excitateur subtil qui met tout en Rapport,
        En Harmonie avec l'AShOR de la KaDMée,
        Au Foyer Lumineux de la Cité des Dieux.

        Le Courant cardinal était PhRaTh, le Fertile,
        L'Influx qui fait jaillir des saintes Pubertés
        Le Génie et l'Amour, la Flamme des Genèses.

VERSET 15. C'est dans ce Paradis splendide, enveloppant
        Le Modèle Divin de toute Métropole,
        Qu'IHOH ALHIM plaça l'ADaM Primordial,
        Pour en être l'Esprit Céleste, le Pontife
        Et pour le cultiver dans son Culte Éternel.

Fig. 5. — La révolte des Hébreux. Moïse tient tête aux révoltés et il manie la foudre. La terre s'ouvre à sa voix et engloutit une partie des révoltés. Les autres sont frappés de la lèpre électrique.

Verset 16. Puis Dieu lui dit :

     « Tu peux t'assimiler sans crainte
« Tout ce qui croît ici. Tout est beau, tout est bon,
« Rien ne t'est dangereux,.. sauf une seule chose :

Verset 17. « Crains l'Arbre Séculier! Laisse ses Fruits au Temps!
 « Fuis la Sapidité de cette Sapience
 « Du Mélange du Bien et du Mal!
       « Car, le Jour
 « Où ce Ferment mordrait ton cœur, serait son Cycle,
 « Et le Temps fermerait pour toi l'Éternité.
 « Alors, empoisonné par ses métamorphoses,
 « Toi, le Transformateur, tu serais transformé,
 « Toi, le Générateur, dégénéré du Genre,
 « Toi, l'Immortel, déchu de l'Immortalité,
 « Tu deviendrais mortel, et tu mourrais sans cesse
 « De Mort sur Mort, de morts en morts, et tu serais
 « L'Agent de la Mort même et non plus de la Vie! »

Verset 18. Puis le Conseil de Dieu dit à Celui des Dieux :
 « Qu'il ait la Vision Splendide de sa Vie!
 « Il se croit Seul: il n'est pas bon qu'il reste ainsi.
 « Que la Femme qui dort dans son Cœur vierge encore,
 « S'éveille pour ses Sens et ravisse ses yeux
 « De sa Gloire Vivante accourant à son Aide! »

Verset 19. Mais avant, Dieu voulut qu'il connût par leurs Noms
 Les Êtres dont, bientôt, il serait responsable,
 Comme Chef Régulier ou comme Séculier.
 Il fit donc défiler tous ces Types célestes,
 Pour voir sous quels Rapports Adam les nommerait,
 Et sceller ces ShèMOTh dans l'Ame Universelle.

VERSET 20. Adam forma ces noms comme autant de ShèMOTh,
De Signes lumineux des Degrés d'Existence,
Selon la Forme-Type ou l'OTh du SheM, du Ciel
Répondant au Degré de l'Ame Universelle.
Mais tout le défilé de ces Types parfaits
Passa, sans qu'il y vit l'Unique Créature
Qui, remplissant son Cœur, eût peuplé l'Univers
Des Splendeurs de se voir, du Bonheur d'être ensemble.

VERSET 21. C'est alors qu'intervint le Dieu Vivant des Dieux,
Et, ravissant Adam jusqu'au Fond de Son Être,
Il lui fit ressentir cette ThoRADaMaH
Où l'Essence divine embrasant l'Ame humaine
De Substase, d'Extase et d'Instase, l'entraine
De Cieux en Cieux.
              L'Amour qui ravissait Adam
L'endormit du Sommeil qui réveille en Dieu même.

Alors les Sephiroth du Corps Subtil d'Adam,
Ses Involutions dans l'AOR s'entrouvrirent.
Dieu prit Celle où dormait l'Ange Humain qu'il rêvait,
L'enveloppa d'un Corps de Gloire, et la vêtit
De la Perfection des Beautés de la Femme.

VERSET 22. Puis rétablissant l'ATh des autres Séphiroth,
Qu'il venait d'entrouvrir dans l'Homme, pour former
AyShaH, l'Angélique et la Spirituelle,
Il lui montra, Vivant, son Rêve!

VERSET 23.   Adam pria :
« Elle! C'est Elle! Là! Devant moi! Nous... ensemble!
« Dieu! c'est ma propre Essence!... et dans quelle Beauté!

« C'est la Gloire et la Fleur de ma Virilité.

« AyShaH, l'Angélique et la Spirituelle,

« La Femme de l'AYSh que je me sens pour Elle! »

Verset 24. Car tel est le Statut donné par YEVauHè

A la Béatitude Humaine dans la Sienne,

Et par lequel tout Homme en Dieu même ravi

Du Saint Amour — devra tout quitter, Père et Mère,

Pour s'unir à son propre Esprit — Femme, à jamais,

Et former l'Unité céleste de sa Vie.

Verset 25. C'est ainsi que s'aimaient l'Adam et l'Ange Humain

Que Dieu venait d'unir dans Son Amour Divin,

Et qui se découvraient et se montraient sans cesse,

L'Ame à nu devant Lui, des trésors mutuels

De Beauté, de Bonté, de Grâce et de Génie,

Sans avoir à cacher quelque mal que ce fût.

GYM'AL LAM'YGAL

Troisième Chapitre

Verset 1.   NaHaSh, le Séraphin de la ShaNaH des Lunes,
Prince de l'Air Subtil qui confine à l'Éther,
(Le PhaN de la PhaNaH de l'Ame Universelle,
Zoogène), y dardait l'Aiguillon du Désir,
Depuis l'Hymen des Cieux et des Terres Astrales
Dans la Nuée.
                    Il était ébloui d'AyShaH :
Ce n'était plus l'Amour d'Adam, c'était l'Envie.
Et ce Prince de l'Air lui dit :
                              « Quelle raison
« Pouvait avoir IHOH ALHIM pour vous défendre
« Dans votre propre Ville, au cœur de la GaNa,
« De vous approprier... »

Verset 2.   Humble, mais étonnée,
AyShaH répondit :
                    « Dieu nous a tout permis,

Verset 3.   « Tout, sauf ce qui fait mal, un seul Arbre, cet Arbre,
« Ce Séculier qui fait mourir.
                              « Il nous a dit :
« Rien ne t'est dangereux, rien qu'une seule chose !
« Crains l'Arbre Séculier du Mélange ! — Y goûter,
« C'est la Mort ! S'abstenir, c'est la Vie Éternelle. »

Verset 4.   Nahash sourit et dit :
                              « La Mort ! ?...Épouvantail,
« Qui cache le Passage entre la Double Vie !

Verset 5.   « IHOH ALHIM le sait, et veut vous le fermer
« Car vous seriez tous deux dans la pleine Lumière

« De votre propre YOM, dès que vous goûteriez
« Cet admirable Fruit ! car votre Sapience
« Possédant à jamais deux Mondes à la fois,
« Vous ferait les Égaux d'IHOH ALHIM Lui-Même,
« Sachant le Bien,... sachant le Mal,... Maîtres du Tout ! »

VERSET 6.   AyShaH regardait le Fruit.... Son Amour même
Pour Adam... l'embrasait d'Envie... et son Esprit
Se voyait Lui donnant les Astres !... Le Vertige,
L'Attraction d'En Bas lui mit la fièvre au Cœur...
Sa main ravit ce Fruit que la Lumière dore
Au dehors, et qui n'est que Ténèbre au dedans,...
Elle y mordit, le mit de ses lèvres sur celles
D'Aish... hélas ! hélas ! l'Homme Spirituel
S'empoisonnait aussi !

VERSET 7.   Soudain leur Double Vue
Se regardant, se vit pâlir, puis s'assombrir.
L'AOR diminuait en eux. — L'Ombre Mortelle
Couvrait leur front. — C'était ce grand Voile de Deuil,
Cette WaLeH ThaNaH, ce grand Voile Thanatique,
La GROTh des MaHaGROTh, le Manteau Voyageur
Des Émigrés du Ciel, des Migrateurs des Astres !

VERSET 8.   Une commotion fit gémir tout l'Éther,
Lorsque l'Ombre monta dans l'YOM Sabbatique...
Et la Foudre courant sur cette Ombre, ébranla
La Métropole sainte, et tout l'Eden trembla !
ROaH tourbillonnait, et sur cette Tempête
IHOH ALHIM tonnant, incendiait l'AOR !

Adam enveloppant Aisheth défaillante,
Au cœur de sa Cité lui faisait un rempart
Contre le Dieu des Dieux.

LE VERBE A ADAM :

VERSET 9.   « Adam ! » tonna le Verbe

« Malheureux ! qu'as tu fait !... »

VERSET 10.   Adam Lui répondit :
        « J'entends encore Ta Voix, mais sans voir Ta Lumière,
        « Car un Corps ténébreux me sépare de Toi ! »

LE VERBE :

VERSET 11. « Qui donc t'a suggéré ce Voile de Ténèbres,
           « Conséquence du Fruit que Je t'ai signalé ? »

VERSET 12. Adam :
              « Mon Ange-Femme, Ayshah, ma Compagne,
        « M'a présenté le Fruit, et tout d'Elle m'est doux :
        « J'ai savouré ce Fruit ! »

LE VERBE A AYSHAH :

VERSET 13.   « Femme ! Qui t'a tentée ? »

AYSHAH

        « Nahash, Seigneur ! Il a fasciné mon Esprit,
        « Et l'Autre Monde m'a, comme dans un vertige,
        « Attirée, et... prenant... le Fruit... je l'ai goûté ! »

                                              11

Le Verbe a Nahash :

Verset 14. « Toi ! », dit le Verbe-Dieu : « Nahash !... Ange Rebelle !

 « Ah ! Pour ce Maléfice atroce, sois Maudit !

 « Maudit par le Remesh ! par BéHèMaH ! Maudit

 « Par Woph et par Dagoth ! par l'Ame Universelle

 « Par toute la Nature et tous ses Habitants !

 « Hors des Cieux ! Loin d'ici ! Dans les Gouffres du Temps

 « Tourbillonne à jamais sous Gihôn ! Qu'il t'entraine

 « Plus bas encor ! dans la Gehennah ! dans l'Enfer !

 « Jusque dans la Ténèbre à jamais dévorante !

 « Et que ton Corps Subtil n'ait plus pour Aliment

 « Que les gaz empestés qui fuiront les Cadavres !

Verset 15. « Entre Aisheth et toi, Je Suis ! — Je mets la Haine

 « Entre ses Fils, les Saints, et les tiens, tous Démons !

 « Jusqu'à ce que, Moi-Même en Elle, Je descende,

 « IShO-Ph-Ca, — Moi Sauveur, Son IShO, Son JéSU,

 « Pour Lui faire écraser sur le Croissant Lunaire

 « Ta Tête de Serpent des Générations

 « Sous Son Talon !... qu'en vain tu voudras mordre encore !

Le Verbe a Ayshah :

Verset 16. « Et toi, triste Ayshah ! Quelle Fatalité !

 « Cet Univers Astral n'est pas la Liberté,

 « C'est la Nécessité terrassant l'Adversaire.

 « Le Chaos !

   « Ce n'est pas la Grâce, c'est la Loi !

 « Ce n'est plus ma Bonté Directe, c'est la Force !

 « Ce n'est plus le Vivant Éternel, c'est le Temps !

« Ce n'est plus notre Ciel, c'est l'Abyme, l'Espace,

« C'est l'Élongation dans le Renversement

« Des Révolutions d'Astres, de Destinées,

« Où la Sécurité de l'Être disparait

« Tremblante à tous les Vents, anxieuse, emportée

« Dans l'Aventure et dans la Nuit du Devenir,

« De Durée en Durée et d'Épreuve en Épreuves !

« Et c'est là que tu vas, loin du Ciel, loin de Nous,

« Entraîner la Nature en toi-même incarnée

« A cet Avortement des Générations,

« A donner Sa Série en renversant l'Ensemble,

« En ne le voyant plus, en criant de Douleur,

« A chaque Enfantement, à chaque Mort nouvelle !

« Deux Types te naîtront : le Bon de ton Amour,

« L'Autre de ton Envie...

                                    et, malgré tout, mon Jour

« Viendra !.., Mais, sur ton Cœur, Femme Spirituelle,

« Que l'Homme de l'Esprit, l'AYSh, règne toujours,

« Y-MeShy'L, t'annonçant l'Ère de ton Messie !

Le Verbe a Adam :

Verset 17. « Adam ! Que t'ai-je dit ? Je le répète, entends !

« Crains l'Arbre Séculier ! Laisse ses Fruits au Temps !

« Fuis la Sapidité de cette Sapience

« Du Mélange du Bien et du Mal !... Car, le Jour

« Où ce Ferment mordrait ton Cœur, serait son Cycle,

« Et le Temps fermerait pour Toi l'Éternité !

« Alors, empoisonné par ses Métamorphoses,

« Toi, le Transformateur, tu serais transformé.

« Toi, le Générateur, dégénéré du Genre,

« Toi, l'Immortel, déchu de l'Immortalité,

« Tu deviendrais Mortel, et tu mourrais sans cesse

« De Mort sur Mort, de morts en morts, et tu serais

« L'Agent de la Mort même et non plus de la Vie !

« Je te l'ai dit : quel compte en as-tu donc tenu ?

« Tu n'as pas écouté ton Seigneur, mais ta Femme !

« Ton propre Maléfice a maudit l'Adamah

« Que Je te préparais dans l'Éternité même

« Comme second Séjour du Vice-Roi de Dieu,

« Patriarche du Ciel Astral.

                     « Mais toi ! tu changes

« La Terre de la Vie en Terre de la Mort,

« La Terre du Bonheur en Terre d'Infortune !

VERSET 18. « Tu sauras ce que c'est que l'État Naturel

           « Vu d'un chaînon du Temps, loin de son Harmonie,

           « Qu'on ne voit que du Ciel, que l'on n'entend qu'en Nous !

           « Mais que ta volonté soit faite ! »

                   LES ARCHANGES :

                         « Elle peut dire :

« Adieu, Culte du Dieu Vivant ! Adieu, Cité,

« Cité de Dieu planant sur toute Métropole !

« Adieu, Monde divin des Cultures du Ciel :

« Voici l'Antre béant, le Naturel Sauvage,

« Où le Mal et le Bien sans cesse enchevêtrés

« Se livrent dans la Mort le Combat pour la Vie !

« Où rien de Bon ne vient sans Mal, où notre Blé,

« Nos Arbres et nos Fruits ne sont plus nos Essences,

« Mais des Enrobements de l'État Minéral,

« De la Ténèbre avec une Saveur lointaine

« Des vrais Sucs de l'AOR ! »

LE VERBE :

VERSET 19.   « Que d'efforts ! Que de peine
          « Pour gagner chaque jour ta vie, en arrachant
          « A la Terre rebelle, aux ronces, à l'ivraie,
          « Aux oiseaux de la Nue, aux Hôtes des Forêts,
          « Aux Éléments ligués, le Pain de la Colère,
          « Que tu choisis au lieu de Celui de Ma Paix !

          « Va donc où tu voulais, jusqu'à ce que Ma Grâce
          « Te recueille écrasé sous le Destin, — vaincu
          « Par l'Ange de la Mort, laissant tomber à terre
          « Ton Corps astral, avec ton Corps pesant, ta Nuit,
          « Pour que ton autre Corps remonte à Ma Lumière
          « Dans l'Esprit Volatil dont Je l'ai composé ! »

VERSET 20. Adam silencieux, relevant sa Compagne,
          L'appuya sur son cœur, puis l'acclama d'un Nom
          Si cher, qu'il fit frémir tout l'Univers des Astres,
          Et l'émouvra toujours :
                         « HOH ! HéVaH ! HéVauHé ! »
          Car Elle était Prêtresse et Reine, Matriarche
          Des Êtres incarnés, fût-ce le Verbe-Dieu

VERSET 21. HHOH ALHIM, rentrant dans l'AOR, fit un Signe :
          Un Corps d'Anges Gardiens voilés, les entoura.

VERSET 22. Mais le Conseil des Dieux dit à la Sainte Essence,
          Au Verbe, à Leur Esprit :
                         « O Dieu ! Conseil de Dieu !
          « Adam va devenir un Roi de notre Espèce ;

« Car, sachant tout, le Bien et le Mal, Chef du Temps,

« NaThaIl PhaN ! il voudra, si la Voie est ouverte,

« Remonter avec tous les Siens ; et les Impurs,

« Démons humains, courront au Saint Arbre de Vie,

« Dont Ta Pureté Seule est l'Essence !...

                 « O Seigneur !

« Comment exécuter Tes Ordres ?... Et... Toi-Même,

« Comment les racheter d'une Perdition

« Devenue Éternelle, à jamais Incurable,

« Dissolvant l'Absolu, débordant l'Infini ? »

Verset 23. Le Saint des Saints s'ouvrit, donnant le Second Signe :

Adam fut emporté par ses Anges Gardiens

Loin de sa Ville Sainte et de l'Eden Céleste,

Vers un point grandissant dans les Cieux Étoilés,

Le Relai : l'Adamée.

           Ils étaient exilés !

Verset 24. Alors, le Saint des Saints fit Son Troisième Signe :

La Trompette éclata dans la Cité de Dieu,

Et la Kadmée ouvrit Ses Portes de Lumière

A des Flots Animés de Glaives Flamboyants :

Pourtant, ce n'était là qu'un des Ordres Célestes,

Celui des Chevaliers des Sphinx, les Kéroubim

Innombrables.

        Autour de l'Éden, Ils formèrent

Leur Grande Armée en Cycle ; — et les Armes des Dieu

Déchaînèrent les Feux vivants de Leurs Batailles.

Et ce fut une Mer Immense, qui roulait

Ses Flammes d'Empyrée en Tourbillons..., ces Flammes,

Du Purgatoire,... où vont, en remontant, les Ames,

Les Corps Spirituels qui sont encor tachés

Du Mélange, du Mal, du Péché, des Ténèbres.

Ainsi, tourbillonnant sur cette Mer de Feu
L'Ordre des Kéroubim fut établi par Dieu

Gardien Sacerdotal et Royal des Mystères
De DaRaK, de la Voie et des Rites Divins,
Conduisant par l'AMaTH, par la Vérité Même,
A la Vie Éternelle, à la Félicité
Des Vrais Amis de Dieu qui rentrent dans Sa Gloire.

FIG. 6. — LA MORT DE MOÏSE.

LA THÉOGONIE DES PATRIARCHES

LA THÉOGONIE DES PATRIARCHES

ALEPH : A. I.

AL-EPH, Dieu dit, de bouche à bouche, PHA-AL-PHA :
Je Suis le Chef de l'Ordre et de Son Alliance,
ALEPH-PHALA l'Époux de la Perfection
D'où naissent Mes Pouvoirs et Leurs Propres Puissances.
Je Suis l'Amour, la Sainte Essence des essences.

Hors de Pair, J'ai d'abord produit Ma Parité, —
Dieu, Ma Divinité, — Créateur, Ma Nature, —
Être, la Vie, — Amour, la Réciprocité, —
Absolu, l'Infini pour qu'Il fût Plénitude, —
Car donner le Bonheur est Ma Béatitude.

O Ma Toute-Puissance, O Ma Perfection,
O Ma Divinité, Ma Nature, Ma Vie,
Bonté du Bien, Beauté du Vrai, Grâce du Saint,
Plénitude de Mon Amour. Béatitude
Du Bonheur éternel que Je veux pour les Bons!

Je Suis le Feu Vivant qui détruis Tes Contraires
Au Foyer des Foyers, dans l'Amour des Amours,
Pour que Tu règnes seule, hier, demain, toujours,
O Ma Gloire, Modèle éternel de l'Épouse,
Mère du Fils Parfait qui Nous révèle en Lui!

BETH : B. 2.

Je Suis dans BETH-THEBA la Vierge-Épouse et Mère,
Vierge-Épouse dans BETH et Mère dans THEBA.
Car BETH est la Maison du Seigneur, et THEBA
Est l'Arche d'Alliance et le Berceau du Verbe.

O Ma Gloire planant sur ce Roi des berceaux,
Glorifie à jamais tous les berceaux possibles,
Tout Amour maternel, conjugal, virginal,
Dans ma Divinité de Vierge-Épouse et Mère !

De toute Éternité, l'Amour, Dieu-Même, Était.
De toute Éternité, l'Amour m'a dit : Je T'aime !
De toute Éternité, J'ai dit : Sois Mon Amour !
Car l'Être veut la Vie, et Tous deux l'Existence.

Il Est, plus Moi que Lui ; Je Suis plus Lui que Moi ;
L'Être Absolu Semblable à Sa Vie Infinie
Voit de Sa Parité naître Sa Parenté ;
Il est Par-Ens : Aleph et Beth font AB, le Père.

O PÈRE ! C'est pourquoi, de toute Éternité,
Unissant dans Son Cœur AB et BA, PÈRE et MÈRE,
Le Fils agenouillé Nous dit en adorant :
« J'Existe pour que Tout existe et Vous adore ! »

GhIMAL : G. 3.

GhIM-AL est l'Infant-Dieu, le Fils du Dieu Vivant :
Je Suis ce Fils, Je Suis l'Existence Éternelle

De l'Être et de la Vie, et Nous ne faisons qu'Un ;
Car l'Amour Absolu, la Sagesse Infinie,
Sont Mon Père et Ma Mère, et Je Suis Leur Génie.

Ils Sont Ma Raison d'Être, et Je Suis à mon tour
Leur Raison d'Exister, Leur Verbe, Leur Poète,
Leur Unité créant l'Universalité,
Leur Parole dictant à jamais Leur Poème,
Leur Souffle animant Tout de Leur Divinité.

Honneur ! Puissance ! Gloire à l'ÊTRE de la VIE !
Existez, Mes Pouvoirs ! Mes Puissances, Debout !
Feux du Soleil Vivant ! Splendeurs de Ma Lumière !
Lettres Vives de Ma Parole, élancez-vous,
ALHIM, dans MIHèLA, pour célébrer Sa Gloire !

Car J'ai créé d'abord, avant tout Univers,
Avant Celui des Cieux, avant celui des Astres,
Cet Univers Divin, MIHèLA des ALHIM,
Cet État-Social des Fils de Ma Puissance,
Cette Église de Dieux pour glorifier Dieu !

DALATH : D. 4.

Ghimel reçoit de Beth et le Fils de la Mère
BaGa, la Plénitude et la Perfection
Des Biens qu'il donne aux Dieux de Sa Création
En Attributs Vivants de Gloire et de Lumière.

Je Suis Sa Sœur, Je fais ce Partage avec Lui
A la Dalath-Thaled, à la Porte bénie,
Où le Monde Divin attend que Son Génie
Profère l'Ineffable et dicte l'Inouï.

Veux-tu savoir mon Nom? — Demande à l'Évidence
De Sa Lumière, aux Dieux de Sa Parole! — Unis
Ghimel avec Daleth, ... et les Trois Infinis
Se répondront entre eux : « O GaD! O Providence! »

Car n'étant l'Existant que pour faire exister,
Le Fils du Dieu Vivant, le Donateur Suprême,
Ne Se fait Créateur qu'en Se donnant Lui-Même
Aux Êtres qui, sans Lui, ne pourraient subsister.

Car, sans l'Amour, qu'est l'Être? et qui donc voudrait être?
Le Néant, le Chaos, peut-être; — un Dieu, jamais.
Aussi ne fait-on qu'Un sur ces Divins Sommets
A sans cesse L'aimer pour toujours Le connaître.

HE : H, E, 5.

HE, Substance de l'Être Existant : l'Esprit Pur.
Je Suis le Saint Esprit de la Vie Éternelle,
Je Suis ROAH ALHIM dans HAOR MIHELA,
Souffle du Verbe, Esprit des Dieux de Sa Parole,
Dans l'Univers Divin dont Il est le Soleil.

Cet Univers des Dieux préexiste à tout autre,
Et survivra toujours, parce qu'Il est Divin.
C'est la Divinité splendide, projetée
Devant Dieu, par Lui-Même, Un et Triple à la fois,
Ravissant dans sa Gloire et sa Béatitude.

Les Êtres Immortels que le Verbe a créés
Pour montrer aux Époux Éternels leur Poème
Représenté vivant dans le Culte sans fin

Du Vrai, du Beau, du Bien et de l'Amour suprème
Qui ne fait qu'Un Seul Dieu des Attributs Divins.

Honneur, Puissance et Gloire au Roi de ce Royaume,
Au Verbe Créateur de ce Monde parfait,
De cet incorruptible et sublime Exemplaire
Des Univers futurs, des Mondes à venir,
Qui, sans Nous, resteraient, Néant, sous la Ténèbre.

Quand le Verbe voudra les en faire surgir,
Nous contraindrons Six Fois à l'Ordre Ses Contraires,
Je gonflerai Six Fois vos vingt-deux Étendards,
Et Nous remonterons ici de Gloire en Gloire!
Je Suis ROaH ALHIM dans HaOR MIHèLA!

VAO : O, Va, 6.

Vierge-Épouse du Fils, Reine de l'Alliance,
Mère d'Adoption des Dieux créés par Nous,
Je Suis OVa, VaO, la Puissance du Verbe,
Et Nous unissons tout au Père par le Fils.

Avec HÈ, l'Esprit Saint, Je Suis HEVa, la Vie,
Avec Daleth Je donne aux Alhim leur VèDa
La Révélation de la Raison Suprème,
DèVa, Dieu Manifeste en Sa propre Splendeur.

Avec Ghimel, Je Suis OGâ, la Grande Aïeule, —
La Parole qui crée et conserve à jamais,
Avec Beth dans BOuVa l'Existence Éternelle, —
Par A dans AV, l'Amour Protecteur et Sauveur.

HÉVAuHE ! Que l'Esprit du Verbe de la Vie
Soit à jamais en Vous, Pouvoirs, Puissances, Dieux,
Alhim, Gardiens de l'Ordre et de son Alliance,
Créateurs avec Nous de l'Univers Divin !

Et rendons à jamais Honneur, Puissance, Gloire,
A l'Esprit Saint, au Fils, au Père, au Dieu des Dieux
Qui Seul possède en Lui l'Essence, l'Existence
Et la Substance, Pain Vivant des Immortels !

ZAYN : Z, 7.

Zayn est le Zénith de la Splendeur Divine,
Sa Montagne d'Or Vif, son Sommet aveuglant,
Où le Conseil de Dieu trônant sur Son Royaume
Embrasse du regard le Cycle de VaO,
Le Divin Univers de la Vie Éternelle.

Zayn est le Sabbath de la Cité de Dieu,
De Niza, la Parfaite, où tous les dieux remontent,
État-Major du Verbe, accourant au Rapport,
Puis à l'Ordre Sacré de la Sainte Alliance.
Zayn est l'Yzani de l'Adorable Iza.

Car, excepté le Fils, aucun ne voit le Père,
Fût-ce le Chef du Grand État-Major des Dieux,
MIHAeL, le Béni; mais tous les Dieux Le sentent,
Les yeux fermés, le cœur brûlant, les mains en croix
Dans la Communion d'Amour qui les fait Rois.

C'est là que fut conçu le Divin Sacrifice
De la Création des autres Univers :

Le Céleste, l'Astral et le VaO des Hommes.
Le Verbe en composa le Poème, et promit
D'en être à tout jamais le Prêtre et la Victime.

O comme Ils eurent peur dans leur Amour pour Lui,
Les Dieux! Peur du Néant, du Chaos, des Ténèbres,
Mais le Seigneur leur dit plus lumineux encore :
« J'existe pour que Tout jouisse de la Vie ». —
Et le Conseil des Dieux lui répondit : Amen.

HeTh : H. 8.

C'est alors qu'apparut HeTh, Troisième Puissance
De BeTh Trois Fois Bénie, HeTh, l'Hestia des Dieux,
Debout sur l'Arc en Ciel de la Mer des Eaux Vives,
Elle avait sur Son Front le Croissant des croissants.

D'un Voile Violet glissaient éblouissants
Ses Pieds aux Mules d'Or fluide constellées :
C'était la Regina Cœli des Cieux futurs,
Et Daleth, en priant, La regardait descendre.

L'Arc s'arrête aux confins de l'Univers divin ;
Un Gouffre noir s'entr'ouvre au pied du Mont de Gloire :
Heth y plane, le Bras lumineux, bénissant
La Ténèbre, l'Horreur, l'Abîme des abîmes.

Et l'Horreur eut un rêve inouï de Beauté,
L'Abyme noir, de Plénitude éblouissante ;
La Ténèbre rêva qu'Elle enfantait HAOR,
Le Chaos qu'Il chantait l'Harmonie Éternelle.

Puis, Reine du futur Espace Illimité,
Après ce doux Message, Heth, la Troisième Grâce,
Rentra dans l'Infini splendide où vit Sa Race,
Au cri sacré d'Amen mille fois répété.

TOTh : Ta, Te, 9.

Le Trois Fois Grand, Le Roi du futur Temps sans bornes,
Ce Chancelier du Verbe au Sceptre constellé,
C'est TOTh, Son Fils aîné, Sa Seconde Puissance.
C'est le plus beau des Dieux créés. Ses cheveux blancs
Font resplendir plus haut Sa Jeunesse immortelle.

Il s'assied à Ses Pieds, devant la Table d'Or
Où brillent l'Évangile Éternel du Royaume,
La Lyre ennéacorde et l'ineffable AMaTh,
Le Seing du Dieu Vivant, le Sceau de Sa Parole
Dont tous les Univers devront être scellés.

« A l'Ordre! » clama TOTh, « Victoire à l'Alliance! »
Alors la MJHèLA dans un divin Silence
Fait la Procession des Vingt-Deux Ordinants,
La range sur deux Rangs, puis l'enroule en Trois Cycles
Et le Verbe est au Centre en Son Shema Divin.

Trois Cycles définis par les Quatre Trigónes
Du Quadruple Élément Spirituel des Dieux
Et par Douze Rayons du Dieu de la Lumière
Forment le Sceau Vivant de Ses Pouvoirs Armés
Et l'Ordre Rituel de Ses Grandes Puissances.

Ces Armes sont : Bannière, Épée et Bouclier.
Chaque Bannière unit au loin ses Corps d'Armées,
Chaque Épée un Faisceau de Forces, chaque écu
Un magique Blason de Signes Cosmogônes,
Et l'Ensemble a pour Nom : Parole ! Ordre de Dieu !

YOD : Y, 10.

Éternelle et toujours nouvelle, l'Alliance
Répond à l'Ordre par la Voix d'YOD-DèVY.
Reine de l'YOGA des Dieux, c'est la Puissance,
La Vierge Épouse et la Sakti du Saint-Esprit.

Cette Splendeur ! Un Casque aux Ailes de Colombe
L'apporte en un clin d'œil des Horizons divins :
L'Éther vibre, la Lyre a chanté d'elle-même,
L'Évangile Éternel du Royaume est ouvert.

Tous les Dieux frémissants sont soulevés, Ils planent.
« Gloire à ROAH ALHIM dans HAOR MHHèLA !
« Gloire au Verbe Éternel et, par le Fils, au Père !
« Tel est partout le Cri de l'Infini Vivant !

« C'est la Clameur des Cent Quarante Quatre Mille
« Archanges commandant à Huit Octillions
« D'Anges prêts à partir Phalanges sur Phalanges
« Pour la Guerre qui va donner l'Être au Néant ! »

Elle dit : et le Verbe élevant dans Sa Gloire
L'Évangile Éternel qu'Ils vont tous accomplir,
Fait, pour bénir tout l'Ordre et toute l'Alliance
Le Signe de la Croix sur l'Univers Divin.

TABLE DES GRAVURES

TABLE DES MATIÈRES

NOUVEAU TESTAMENT

Évangile selon Saint Jean

ANCIEN TESTAMENT

Moïse

Livre du Principe

Chapitre premier

64556. — Imprimerie Lahure, 9, rue de Fleurus, Paris.

www.ingramcontent.com/pod-product-compliance
Lightning Source LLC
LaVergne TN
LVHW021840170726
843503LV00003B/1010